AF464740

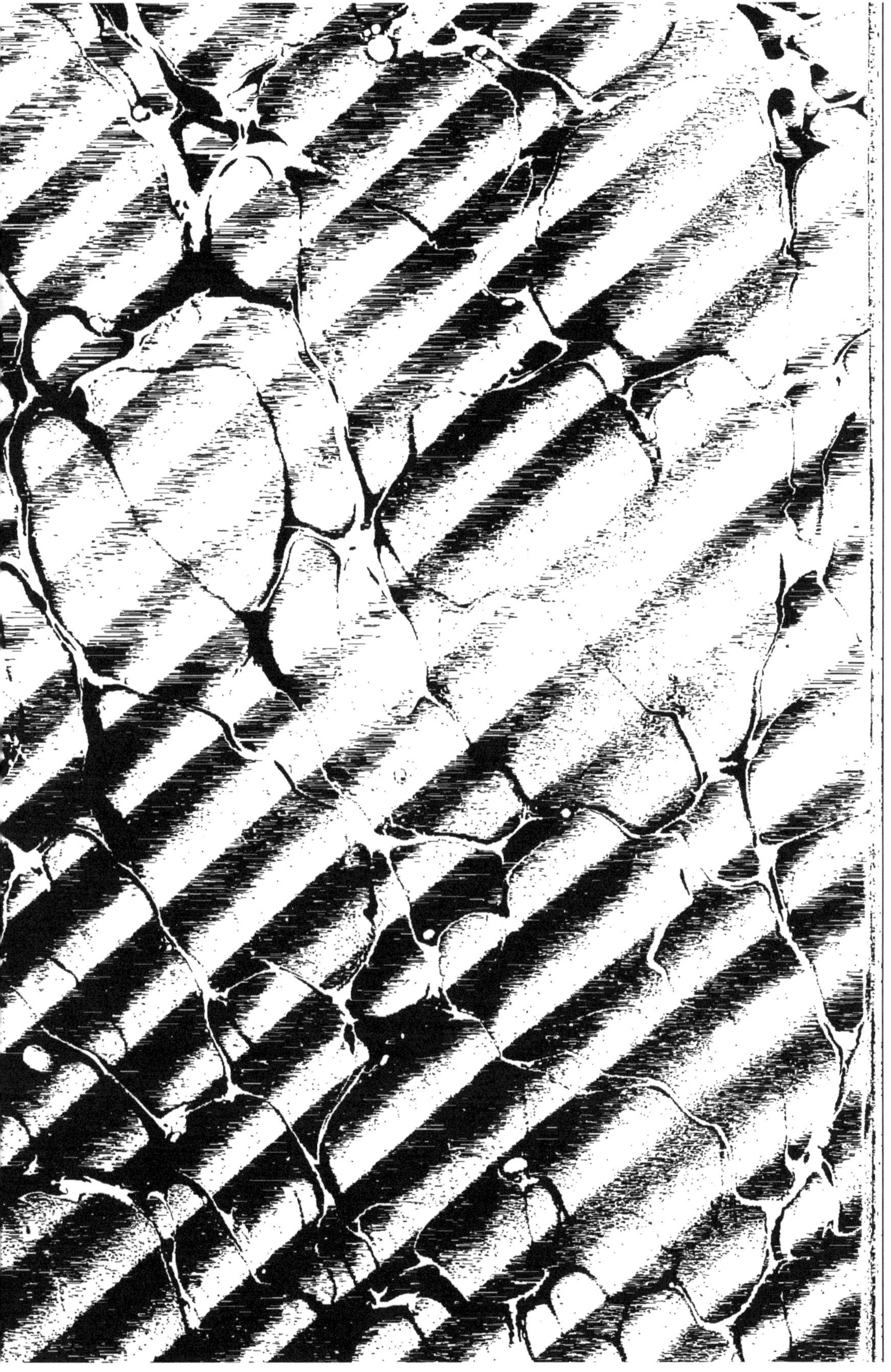

ÉTUDES HISTORIQUES

SUR LA

JURIDICTION MILITAIRE EN ESPAGNE

PAR LE LIEUTENANT-COLONEL D'INFANTERIE

DON SÉRAPHIN OLABE,

Ouvrage traduit avec la permission de l'auteur

PAR F.-X. FRANQUET,

Lieutenant de vaisseau (en retraite).

PARIS

LIBRAIRIE MILITAIRE, MARITIME ET POLYTECHNIQUE

J. CORRÉARD, éditeur,

3, BOULEVARD SAINT-ANDRÉ, 3

Maison de la fontaine Saint-Michel.

1866

ÉTUDES HISTORIQUES

SUR LA

JURIDICTION MILITAIRE EN ESPAGNE.

Sceaux. — Typographie de E. Dépée.

ÉTUDES HISTORIQUES

SUR LA

JURIDICTION MILITAIRE EN ESPAGNE

PAR LE LIEUTENANT-COLONEL D'INFANTERIE

DON SÉRAPHIN OLABE

Ouvrage traduit avec la permission de l'auteur

Par F.-X. FRANQUET

Lieutenant de vaisseau en retraite

PARIS

LIBRAIRIE MILITAIRE MARITIME ET POLYTECHNIQUE

J. CORRÉARD, éditeur,

3, BOULEVARD SAINT-ANDRÉ, 3

Maison de la fontaine Saint-Michel.

1866

ÉTUDES HISTORIQUES

SUR LA

JURIDICTION MILITAIRE EN ESPAGNE

PAR LE LIEUTENANT-COLONEL D'INFANTERIE

DON SÉRAPHIN OLABE

Ouvrage traduit avec la permission de l'auteur

Par F.-X. FRANQUET

Lieutenant de vaisseau en retraite

CHAPITRE PREMIER

Le droit est, en général, la collection des lois. On peut le diviser comme elles en diverses espèces dont la base commune est la réunion des préceptes inspirés par Dieu au cœur de l'homme; en un mot, ce sentiment intime qui s'ouvre un passage par les plis les plus secrets de la pensée jusqu'au plus profond de la conscience, cette législation éternelle dont la réparation immédiate est le remords, et à laquelle on a donné le nom de *droit naturel*, bien qu'il appartienne plutôt au domaine du moraliste qu'à celui du jurisconsulte.

Le droit qu'on appelle ordinairement *droit positif*, parce qu'il a reçu la sanction de la société, peut se diviser et se subdiviser en plusieurs classes ; nous signalerons seulement le droit des gens et international, le droit public, le droit civil et le droit militaire.

Le droit des gens et international est le droit naturel appliqué à tous les pays du globe, et il est formé des pactes solennels convenus entre les divers États.

Le droit public est celui qui est déterminé par l'organisation des pouvoirs politiques de l'État et les devoirs réciproques de celui-ci et des citoyens.

Le droit civil est celui qui est particulier à chaque État et qui prend aussi (quoique mal à propos) le nom de *droit privé*, parce qu'il régit et qu'il détermine ce qui concerne les intérêts, les affaires et les procès des particuliers.

Le *droit militaire* est la collection des lois qui se rapportent à la force publique, et aussi des ordonnances et décrets qui ont été édictés pour les faire exécuter.

Les militaires, sans cesser d'être citoyens,

ont besoin de s'assujétir aux lois exceptionnelles qui modifient leurs droits individuels, par suite de leurs devoirs comme hommes de guerre, par leur qualité de dépositaires de la force de l'Etat, et enfin par la nature des services qu'ils rendent et dont la pratique les met dans une situation entièrement à part, attendu qu'en paix et en guerre ils doivent être prêts pour le combat, comme s'ils se trouvaient en face de l'ennemi.

Les militaires, par conséquent (et cela se fait dans les pays où la Constitution est le plus libérale), doivent avoir une législation spéciale et des juges choisis entre eux-mêmes, qui, pénétrés de l'esprit de leur profession, leur administrent la justice en leur faisant une application juste et éclairée de leur code; car on ne conçoit pas le maintien de la discipline dans les armées sans préceptes souvent terribles et sans châtiments rigoureux jusqu'à l'extrême limite, mais indispensables pour déterminer dans des moments critiques la multitude des volontés diverses produites par les tempéraments opposés, les éducations contradictoires et les aspirations différentes ou rivales, en les faisant converger à une fin unique et commune, à travers les obstacles que suscite la nature même de l'homme à son maximum de surexcitation et de violence.

De là l'origine nécessaire de la juridiction *(fuero)* militaire.

On appelle *fuero* une réunion de priviléges ; mais nous le définirons une collection de lois, lui donnant pour synonyme le mot *droit*, puisque parfois il se confond avec le droit militaire, qu'il conduit les associés à souffrir des peines beaucoup plus graves que celles qui leur seraient imposées selon la législation commune et ordinaire pour un même délit, au lieu de leur donner la grâce et prérogative que le mot *privilége* signifie ordinairement.

Et en cela nous suivons la respectable autorité d'Alphonse le Sage, qui dit dans ses célèbres *Partidas :*

« Le *fuero* est la chose où se renferment les deux choses que nous avons nommées, l'usage et la coutume, dont chacune a besoin d'entrer dans la composition du *fuero* pour lui donner de la consistance : l'usage, parce que les hommes s'y font et qu'ils l'aiment ; la coutume, pour qu'elle leur soit comme une façon d'héritage pour leur raisonnement et les maintenir. Car si le *fuèro* est comme il doit être, et qu'il soit de bon usage et de bonne coutume, il a une si grande force qu'il devient comme *une loi*, parce qu'il maintient les hommes et qu'ils vivent en paix et en justice les uns avec les autres ; mais il y a entre lui et ces dernières une si grande démarcation que l'usage et la coutume se font sur des choses signalées, quoique ce soit sur un grand nombre de terres ou un petit nombre, ou sur quelques lieux connus ; *mais le fuero doit être en tout et sur toute chose qui appartienne d'une manière notoire au droit et à la justice*. Et c'est pour cela qu'il est plus noble, etc. »

La ressemblance des lois et des fueros ressort davantage quand on voit la presque identité avec laquelle, d'après le roi Alphonse déjà cité, on doit faire les unes et les autres.

« Le *fuero* doit être bien et complétement fait en observant en toutes choses la raison et le *droit*, l'égalité et la *justice*. Et il doit se faire avec le conseil d'hommes de bien et instruits, et avec la volonté du Seigneur, et avec l'agrément de ceux sur qui l'ont établi. Et cela s'entend des hommes de bon entendement : faisant plus d'attention au bien commun de tous et de la terre où ils doivent rester qu'au leur propre. Et quand il est ainsi fait, ils peuvent l'octroyer et le mander dans tous les lieux pour lesquels il s'est fait, afin qu'il soit maintenu, et de cette façon *il sera comme une loi.* »

« Les lois doivent être faites et exécutées ainsi que nous l'avons dit dans la loi précédente. D'autre part, le droit qui y est posé doit avoir été très-choisi avant qu'on ne les montre aux gens. Et quand elles auront été faites de cette façon, elles seront sans faute pour le service de Dieu, à la louange et honneur des seigneurs qui commanderont de les faire, et pour le bien de ceux que l'on entendra pour les juger. Et d'autre part, il faut observer que, quand on les fait, il n'y ait ni bruit ni autre chose qui les empêche et les séquestre; et qu'on les fasse avec les conseils d'hommes instruits, entendus et fidèles, et sans cupidité. Car des personnes pareilles sauront connaître ce qui convient au droit et à la justice et à l'intérêt commun de tous. »

De manière que le *fuero* a besoin d'être fait avec le conseil d'hommes bons et instruits et avec la volonté du Seigneur ; et la loi de l'ordre du Seigneur et par le conseil d'hommes sages et fidèles, etc., ce qui élève si haut le résultat, qui, dans l'un et l'autre cas, doit concorder avec la justice et le bien commun, être promulgué et rendu obligatoire.

Nous ne voulons pas embrouiller les idées, et nous connaissons la différence qui existe entre ce que Don Alphonse appelait un *fuero* et ce que ce mot signifie aujourd'hui, par suite du changement inévitable apporté par le temps dans les mots et dans les choses : ce nom de *fueros*, avec lequel on désigne à présent les lois, les us et coutumes de quelques provinces qui jouissent ou ont joui d'exceptions ou priviléges, s'employait dans ces mêmes contrées comme synonyme de droit et non d'exception ; car les *fueros* étaient la législation commune par laquelle ces pays étaient gouvernés indépendamment l'un de l'autre ; nous comprenons bien que le *fuero* des *Partidas* (coutume élevée au rang de loi) ne répond pas essentiellement à ce qu'est aujourd'hui le *fuero* militaire, et nous ne voulons pas faire un cas d'exception de ce que ce dernier fournit à ses associés des avantages dans des cas déterminés. avantages qui ont été perdus ou disparaissent en grande partie, ou deviennent illusoires quand ils ne se transforment pas en obligations onéreuses; mais nous voulons établir que les priviléges constituent, non pas la partie importante, mais la partie accidentelle d'un *fuero*, et l'on doit procéder à leur analyse sous le point de vue de la législation qui est nécessaire, et non de la prérogative qui est odieuse. Nous nous sommes arrêtés à fixer, *ex professo*, le sens le plus important du mot *fuero*, parce qu'au moment où nous écrivons (mars 1865) les questions relatives à la suppression des législations spéciales sont à l'ordre du jour, ce qui n'arrête pas notre plume et n'embarrasse pas notre proposition, parce que, quand même le *fuero* ou juridiction militaire disparaîtrait pour les affaires civiles des gens de guerre, on ne peut faire moins que de le maintenir toujours pour ce qui concerne les fautes, les crimes et les délits commis par les individus de l'armée.

Une suppression pareille, loin d'être en harmonie avec l'esprit de progrès de la civilisation, serait un pas rétrograde qui ne nous mènerait à rien moins qu'au temps des Goths ou de la reconquête ; sauf le grand désavantage qui se présente quand on examine la différence entre la législation générale de la société espagnole d'alors et celle d'aujourd'hui ; car à ces époques l'organisation politique et les coutumes normales de la nation étaient celles d'un peuple condamné à une lutte constante, tandis *qu'aujourd'hui* les tendances universelles sont de jouir des dons de la tranquillité et des bienfaits de la paix, ce qui tend à rendre plus marquée la ligne qui sépare et qui distingue les habitudes matérielles, les nécessités morales et les lois spéciales de la communauté militaire.

Le peuple romain, ce maître des législateurs, dont la justice, la raison et l'équité sont l'objet éternel de l'admiration et de l'étude des pays les plus civilisés, reconnut la nécessité de soumettre ses armées à des lois particulières, et les en dota en investissant du caractère de juges les chefs militaires des provinces, ainsi qu'on le voit par la Constitution de l'empereur Anastase et par le *Digeste* : c'est là sans aucun doute l'origine des fonctions judiciaires qu'exercent en Espagne les capitaines généraux des divers districts.

L'empire romain ayant succombé au quatrième siècle sous l'impulsion de son propre poids, notre patrie fut enveloppée comme toute l'Europe dans la nuit sombre de l'irruption des barbares du Nord ; elle fut ensuite convertie en un vaste champ de bataille où les Visigoths vinrent tenter le sort des armes. Euric s'empara de la Péninsule en 471, sauf la Galice, où dominaient les Suèves ; son empire s'affermit et s'étendit sous Léovigilde, maître de toute l'Espagne, de la Mauritanie et d'une partie de la France ; puis on vit commencer, après une période de tranquillité relative, la ruine de cette superbe monarchie, par la cruauté et les vices du débauché Witiza. La puissance des Goths s'ensevelit à la fin avec l'infortuné Don Rodrigue dans les eaux rougies de sang du Guadalète, ou dans le sombre désespoir d'une défaite méritée et irréparable. Pendant les siècles d'obscures prouesses, d'horribles crimes de pillage, de désordres et d'iniquité qui souillent l'histoire de la race des Goths ; pendant ces trois cents ans qui ne nous ont pas légué un seul souvenir de gloire, les institutions romaines ont dû être haïes, et on chercha à les oublier et à les faire disparaître ; quelques-unes sans doute, marquées au coin d'une sagesse supérieure, résistèrent à la violence des exterminateurs, triomphèrent de leur mauvais vouloir et se maintinrent en vigueur : ce fut le cas du code Théodosien compilé par un ministre d'Alaric. Ce code, augmenté des *Sentences de Caïus et Paulus*, fut promulgué à Tolosa le 3 février 506 ; mais le tempérament social de l'époque exigea naturellement les lois des Goths qui étaient appropriées à son état et aux circonstances.

Les édits des rois et les décrets des conciles (assemblées alors législatives et politiques en même temps que religieuses) parvinrent à remplir cet objet, et ces dispositions recueillies avec quelques lois sans nom d'auteur, par Flavius Recesvinte et Ervigius, augmentées par Wamba et Egica, le tout, avec le concours des

Pères des conciles de Tolède, forme notre premier code, soit le *fuero juzgo*, origine primitive de toute notre législation nationale.

Le *fuero juzgo*, *forum judicium*, fuero-judgo, fuero des juges ou lois pour les juges (et il faut noter en passant, à l'appui de ce que nous avons exposé, la signification originelle du mot *fuero*) étant donnée, la nature des nécessités sociales auxquelles il devait correspondre ne put faire autrement que de contenir des dispositions importantes pour le maintien d'une discipline nécessaire dans ce peuple batailleur, et pour régler les devoirs des individus troublés par le conflit général. C'est ainsi qu'il s'arrête tout spécialement à traiter « si ceux qui sénéchaux de l'armée laissent prendre quelques hommes d'ycelle, ou les hypothèquent sur leur maison. Si ceux qui commandent l'armée prennent quelque chose des maisons de ceux auxquels ils commandent d'aller à l'armée. Si les sénéchaux qui doivent donner des ordres à l'armée laissent l'armée et retournent à leurs maisons, ou s'il laissent d'autres y retourner. Si ceux qui commandent l'armée reçoivent quelque prix pour laisser quelqu'un hypothéquer sa maison sans être malade. De ceux qui prennent par tromperie le pain ou l'orge, ou la vie dans l'armée. Quelle récompense doit avoir celui qui recouvre un serf étranger ou d'autres choses des ennemis. De ceux qui ne sont pas dans l'armée dans le jour ou dans le temps requis. « Ce qui doit être gardé s'il y a des guerres en Espagne. De ceux qui en allant à l'armée volent quelque chose, etc., etc. »; et comme juste sauvegarde de celui qui se trouvait en campagne, abandonnant son hacienda et servant la communauté : « que si le Seigneur n'est pas dans la maison, ou s'il est dans l'armée, nul homme ne doit faire la guerre à la maison, etc. »

Notre patrie ayant été victime d'une nouvelle conquête, quand la Péninsule était envahie par les Maures, mise à feu et à sang, et que les restes de la monarchie étaient réfugiés dans les aspérités des Asturies, de la Biscaye et des Pyrénées, l'amour de l'indépendance, à l'abri de l'étendard de la foi, commença le laborieux édifice de notre vraie nationalité, opposant à l'acier bien trempé du cimeterre des califes l'acier grossier de nos libres montagnes, prodigué avec une abondance généreuse, parce que la mère patrie, voulant à tout prix secouer le joug, avait livré ses entrailles à ses fils pour forger des instruments grossiers, mais solides, de lutte et de victoire.

Dans cette époque de profonde perturbation et de combats enflammés, au commencement de ce duel à mort de sept siècles entre deux races également obstinées et valeureuses, au premier chant de la sublime épopée dont *Covadonga* fut le premier mot, et qui finit devant les minarets de Grenade, la nation entière constituait l'armée, chaque homme était soldat ou officier ; chaque retraite seigneuriale, une forteresse; chaque village, un camp ou une place de guerre; et partout il y avait un champ de bataille.

La force de la coutume, la haute vénération pour le *fuero-juzgo*, dont Charlemagne a copié un grand nombre de dispositions dans ses Capitulaires, et ce qu'il y avait d'approprié dans les lois des Goths pour ces circonstances belliqueuses maintinrent en vigueur les prescriptions de ce code, longtemps après l'invasion sarrasine, non-seulement chez les chrétiens libres, mais encore parmi ceux qui habitaient les provinces soumises à la servitude des Maures. La Castille, fief de Léon, reçut de lui le *fuero-juzgo;* les Catalans, les Navarrais, les Aragonais se régirent par lui, et enfin on peut dire que, dans les commencements de la reconquête, il fut la loi générale pour tous ceux qui professaient en Espagne la religion du Crucifié.

Les temps marchèrent et les coutumes perdirent un peu de leur rudesse, ce à quoi conspiraient deux causes bien opposées par elles-mêmes :

Le Christianisme et les Maures.

Le premier, avec la sainteté de sa doctrine; les seconds, par leur générosité, leur magnificence et leur courtoisie, qui, en contact avec le caractère hidalgo et la loyauté proverbiale de nos montagnards, finirent par donner à la lutte prolongée, au milieu de leur exaltation et de leur sauvagerie un esprit magnanime de galanterie et d'héroïsme, et firent de notre patrie, dans ces siècles accablés de maux, une source inépuisable d'inspirations pour les romanciers.

Alors, quoique conduits au combat par les

plus habiles et les plus valeureux, les Espagnols luttaient pour leur propre compte ; c'était un peuple courageux qui conquérait pouce à pouce l'espace nécessaire pour rétablir ses foyers dans les champs héréditaires, dont ses ancêtres avaient été aussi injustement que violemment dépossédés par les envahisseurs forcenés dont les vices des monarques Goths et la trahison des grands avaient préparé le chemin marqué de sang.

Tandis que les villages étaient reconquis et arrachés par l'effort commun au pouvoir des Sarrasins, des territoires étendus commençaient de même à se repeupler sous la protection des enseignes chrétiennes, et on voyait surgir pour les vainqueurs la nécessité de nouvelles lois différentes de celles généralement adoptées, et de nature à procurer aux différentes localités non-seulement des règles précises pour leur gouvernement municipal, mais des priviléges, des prérogatives, des franchises et des exemptions.

C'est ainsi que notre législation se forma pièce à pièce : en augmentant son territoire et sa population dans une lutte continue, notre patrie opéra promptement dans les esprits la grande révolution que les Croisades devaient produire peu à peu en Europe, en formant tout naturellement cette classe moyenne qui est parvenue plus tard à dominer le monde par l'intelligence.

On confondit pendant la reconquête les lois de l'armée avec les lois civiles et les lois politiques, dans les mêmes codes, fueros, chartes, traditions et privilèges; et il est nécessaire, pour ne pas interrompre l'induction des premières dans leur développement graduel, que nous nous occupions, quand même ce ne serait que sommairement et à grands traits, de la législation et de l'histoire générale du pays avant de nous livrer à l'examen particulier de la période où l'on établit les dispositions qui constituent actuellement notre droit militaire, droit distinct et qui s'applique directement au régime de la force armée.

L'Espagne s'est ressuscitée par fractions qui ont formé des Etats, et reconstitué les antiques conciles des Goths sous la forme des cortès de Castille, de Navarre et d'Aragon.

Par l'antique fuero de Sobrarbe, les rois de

ce pays avaient fait un pacte en vertu duquel ils ne décidaient aucune chose sans le conseil de douze hommes principaux ; s'étant engagés à conserver les libertés, ils créèrent pour la garde de ces droits la magistrature si connue dans l'histoire d'Aragon sous le nom de *Justicia mayor ;* l'illustre fuero de l'*Union* et le privilége de la *Manifestacion* sont très-dignes d'être rappelés.

De leur côté, les Castillans, voyant qu'Ordono II, roi de Léon, voulait les mettre en servitude, lui refusèrent l'obéissance et remirent l'exercice de l'autorité souveraine à deux hommes de renommée honorable et de prudence connue, qu'ils nommèrent Juges, *Jueces.*

Sous ce titre, Nuno Basura et Lain Calvo furent tenus de gouverner, et gouvernèrent en s'assujétissant aux lois anciennes de la Castille, en vigueur depuis sans interruption, jusqu'à ce qu'on promulgua les lois des *Pardidas* de don Alphonse le Sage ; les immunités de la Navarre furent également très-notables ; et comme on les a conservées pendant plus longtemps, elles ne prêtent pas autant à l'obscurité.

Cet esprit qui dominait généralement dans la législation politique de l'Espagne devait se laisser voir dans la partie qui concernait les affaires de la guerre, et nous en avons une preuve très-éloquente dans le simple fait qu'on pouvait élire pour chefs, malgré l'humilité de leur naissance, ceux qui avaient des talents supérieurs pour conduire les troupes à la victoire, comme nous l'a consigné tant de fois le roi Alphonse dans sa loi IV, titre XXIII, Partida 2. (Quels sont ceux que l'on doit choisir pour chefs à la guerre, et pour quelles raisons?) Car, énumérant les motifs qui devaient décider une élection aussi importante qu'honorable, après s'être occupé du lignage et de la richesse, en parlant des titres au choix, il dit: « Mais le troisième qui offre le savoir comme garantie a *plus de force que les deux autres que nous avons dit*. Parce qu'aussi, celui qui a la capacité par son lignage, comme celui qui l'a obtenue par ses biens, s'ils ne sont pas savants, il convient que, dans toutes les circonstances, ils se tournent au gré de ceux qui savent faire. »

Au treizième siècle, la couronne d'Aragon était non-seulement déjà maîtresse de la portion de territoire qu'elle eût pu appeler sa ligne de *démarcation géographique*, mais elle eût à exercer au delà des mers son activité guerrière. Dans les dix années du règne brillant de Jaime Ier, elle conquit les royaumes de Valence. Pierre III s'empara de la Sicile. Jacques II conquit la Sardaigne; et enfin, lors de l'incorporation finale de la Castille et de l'Aragon, au quinzième siècle, après diverses acquisitions, guerres et cessions, l'héritage de Ferdinand le Catholique se composait de l'Aragon, de la Catalogne, Valence, Mayorque, la Sardaigne, la Sicile et Naples.

Celui d'Isabelle, à la même époque, était formé des deux Castilles, des Asturies, Léon, Galicie, Andalousie (moins le royaume de Grenade), Murcie et Biscaye.

De manière que la réunion des deux couronnes constitue une agglomération d'Etats, qui devait doubler leur puissance particulière pour précipiter de ses derniers boulevards la race des Morisques, *Morisma*, en décadence depuis le onzième siècle.

Il est certain que, par l'effet des troubles antérieurs, des prodigalités du trésor et de la misère publique, la Castille se trouvait dans une position très-précaire quand Isabelle prit possession de son trône ; il est certain que le caractère énergique et les dons spéciaux de la reine catholique furent la cause qui releva l'esprit abattu de la monarchie, et nous ne sommes pas de ceux qui voudraient obscurcir les gloires nationales ; mais la vérité historique nous oblige à faire remarquer que si les Castillans furent les ressources qui décidèrent par terre la conquête de Grenade, les vaisseaux qui empêchèrent l'ennemi de recevoir toute espèce de secours d'Afrique étaient Aragonais : le système de ravage et de dévastation pratiqué par les rois catholiques fut la cause décisive du triomphe.

Ces monarques fortunés recueillirent non-seulement le fruit mûr et la brillante récompense de sept siècles d'efforts, mais ils y ajoutèrent, comme un digne complément, le riche présent du nouveau monde ; et l'heureuse terminaison de la reconquête, en les délivrant de la nécessité pressante de guerroyer contre les Maures, leur permit de songer avec suite aux moyens de renforcer leur pouvoir, en anéantissant ce qui y était étranger.

Dès 1480, c'est-à-dire deux ans avant de rompre les hostilités avec le roi des Maures, ils agitèrent dans les Cortès de Tolède l'augmentation de la finance royale, commençant à poursuivre la réintégration de plusieurs rentes, villas et villages, qu'avait aliéné dens ses besoins l'infortuné Henri IV, dont les donations, pensions et récompenses furent examinées avec soin, et en réglant selon les circonstances plusieurs revendications en faveur de la Couronne. L'existence des Conseils d'Etat et de guerre datait des commencements de la monarchie castillane et par la première pétition de ces Cortès, il est évident qu'on érigea cinq Conseils : le premier auquel assistaient les rois catholiques, pour toutes les affaires extérieures et celles relatives au Pape ; le second, conposé de prélats et de docteurs, pour les procès ; le troisième, des grands et procurateurs d'Aragon ; le quatrième, des députés des Hermandades ; et le cinquième, des comptables et des surintendants de la finance royale. On édicta pendant ce règne beaucoup de lois et de pragmatiques ayant en vue de régulariser l'administration de la justice et le gouvernement ;

et finalement on incorpora à la Couronne les grandes maîtrises des ordres militaires de Calatrava, d'Alcantara et de Santiago, que Ferdinand, profitant de l'expulsion totale des Maures demanda pour sa personne. Rome y consentit, et confirma plus tard la même faveur à Charles Ier, qui obtint du siége apostolique l'union perpétuelle de ces maîtrises avec le trône de Castille.

Comme nous n'avons pas l'intention pour le moment de faire un travail purement historique, mais de fournir le moyen de lier les idées depuis les premières annales de notre véritable nationalité, jusqu'aux époques les plus modernes, où l'on a édicté des ordonnances spéciales pour l'administration de la justice exclusivement militaire, nous pousserons plus avant, sans nous arrêter autrement que pour prononcer les noms du cardinal Ximénès de Cisneros et de Gonzalve de Cordoue : le règne de l'infortunée dona Jeanne ne nous occupera pas davantage, non plus que celui de l'invincible Charles Ier. Nous finissons ce chapitre, et nous laissons pour le suivant l'étude relative à l'époque, notable à tant d'égards, du fondateur de l'Escurial.

CHAPITRE II

Le roi d'Espagne Charles Ier, encore vivant, donna à son fils l'héritage de ses États et en même temps de ses ennemis; et, bien que Philippe II n'ait pas porté la couronne de l'empire d'Allemagne, il fut le monarque le plus puissant de son siècle, puisqu'il reçut sous son sceptre, à son avénement au trône, les royaumes de Castille, d'Aragon et Navarre; ceux de Naples, de Sicile; la Franche-Comté, le duché de Milan et les Pays-Bas, en Europe; les empires du Mexique et du Pérou, la Nouvelle-Espagne, le Chili, l'île d'Espagnola, celle de Cuba et beaucoup d'autres en Amérique; en Asie, les Philippines, une partie des Moluques et des îles de la Sonde; et finalement en Afrique, Oran, Tunis, les Canaries et le cap Vert.

Une domination aussi vaste ne devait craindre que le danger résultant de sa grandeur démesurée, puisque personne n'était en situation de lui résister; il n'y avait que la France qui, à cause de l'avantage de sa position géographique, enclavée au milieu des États de Philippe et la mer, s'étendant de la Méditerranée et de l'Italie jusqu'au Pas-de-Calais, et de l'Allemagne et des Pays-Bas jusqu'aux Pyrénées, pût susciter quelque souci, attendu le sentiment de rivalité dont Henri II avait hérité, son désir naturel de recouvrer les domaines d'Italie, et son amitié avec la reine d'Écosse et les Suisses.

Le reste de l'Europe n'avait qu'à se montrer indifférent ou soumis.

L'empereur d'Allemagne Ferdinand avait trop à faire pour achever de maintenir les Hongrois, pour unir les Allemands et se garantir contre les Turcs. La république de Venise, menacée par ces derniers, se trouvait très-intéressée à conserver une étroite amitié avec le plus puissant monarque de la chrétienté. L'Angleterre, sous le sceptre de Marie, avait déchu d'une manière notable; le Portugal, bien qu'à l'apogée de sa gloire, était gouverné par Jean III, à l'époque tranquille de l'âge avancé de ce prince, qui ne songeait plus qu'au gouvernement intérieur de ses États florissants, comme Gustave Erickson en Suède et Christian III en Danemark. Le duc de Toscane, Cosme de Médicis, avait reçu la souveraineté de

Charles V. Le territoire pontifical se trouvait entre le duché de Milan et le royaume de Naples, et finalement Octave Farnèse, duc de Parme, et Philibert Emmanuel, duc de Savoie, se confiaient seulement en Philippe pour recouvrer : le premier, le duché de Plaisance, et le second, la Savoie et le Piémont.

Ajoutons à l'exposition que nous avons faite de l'Espagne et du reste de l'Europe la circonstance importante que les mines du nouveau monde produisaient annuellement plus de vingt-cinq millions de florins, c'est-à-dire plus que tous les souverains auraient pu en réunir, et nous pourrons nous former une idée de la puissance étonnante du fils de Charles Ier.

Les considérations qui nous ont fait passer sous silence les campagnes brillantes du roi empereur, à la fin du chapitre précédent, nous obligent à supprimer, en parlant de Philippe, ce qui concerne le soulèvement de la Hollande, la conquête du Portugal, les projets d'invasion de l'Angleterre, qui furent déjoués par la violence des éléments, les auto-da-fé mémorables (c'est avec l'un d'eux qu'il inaugura ses décrets), et les événements terribles qui ont fourni une matière si abondante aux partisans et aux ennemis de ce monarque austère.

Aucun règne dans l'histoire ne se prête mieux à d'ardentes controverses sur le gouvernement et la législation des peuples. Les défenseurs des divers systèmes y rencontrent une vaste carrière toujours ouverte pour leur lutte éternelle. Pour nous, malgré l'intime connexion qui existe naturellement entre la législation et la politique, nous éviterons soigneusement, dans le cours de ces études, toute influence, toute suggestion d'esprit de parti, et nous prendrons pour guide l'impartialité dans l'analyse, pour base la vérité dans la synthèse, pour instrument de leur assemblage la logique, et enfin pour pôle l'utilité.

Fixant nos regards sur un objet sacré : la justice ! nous ne cherchons de l'histoire que ce qui est nécessaire pour ne pas oublier le passé en travaillant pour l'avenir ; et ainsi, résumant en très-peu de mots le résultat de la politique de deux règnes importants, en ce qui touche seulement au sort de nos anciennes lois, nous dirons que les institutions séculaires de la nation espagnole ont reçu du père une blessure mortelle, et du fils le coup de grâce qui mit fin à leur existence.

C'est Charles Ier qui a dit aux cortès de Tolède en 1538 : « C'est de l'argent que je vous demande et non pas des conseils », car il en avait toujours besoin pour les frais de ses voyages, son couronnement comme Empereur, et ses campagnes interminables ; persécuté par les exigences de la rapacité flamande en général, et par l'ambition de son précepteur le cardinal Adrien en particulier, il ne pouvait qu'arriver malheur à une législature qui prohibait, sous peine de mort, de faire sortir aucun numéraire du royaume, qui commandait de ne confier les emplois qu'aux nationaux, aussi bien que le gouvernement de la couronne en l'absence du monarque.

C'est pour cela qu'irrité, il renvoya dans leurs maisons les évêques et les nobles qui lui refusèrent les impositions. De là, la sanglante déroute de Villalar et avec elle celle des antiques lois de la Castille.

Philippe II, aspirant à réaliser le rêve de la monarchie universelle que son père lui avait transmis, quoiqu'il poursuivît la même idée par une voie différente, tâchait d'y parvenir en faisant tout converger vers l'exercice d'une autorité sans bornes qu'il faisait sentir avec un poids uniforme sur ses vastes domaines composés de toutes pièces, et devait trouver, selon les uns, un digne et respectable obstacle; selon d'autres, un embarras impertinent dans les institutions de l'Aragon : en faisant tomber la tête de Lanuza, dernier chef de la justice de ce royaume, il abolit ses fueros, et concentra définitivement le pouvoir royal dans la couronne de Castille; il perfectionna le système des conseils divers, dont les rois catholiques avaient eu l'initiative et que Charles Ier avait continué. Ce moyen lui permettait de faire rayonner le pouvoir suprême jusqu'aux extrêmes limites de ses immenses États, en leur inculquant l'obéissance à sa pensée unique.

Alors on vit fonctionner l'antique Conseil de Castille, les Conseils d'Aragon, de Portugal, d'Italie, des Flandres et des Indes, pour les affaires qui intéressaient toute la monarchie en général, et d'autres Conseils divers, dont les plus importants furent les Conseils d'État, de la Guerre, des Finances et de l'Inquisition; tous avec le caractère de Conseils souverains, en ce qui était de la compétence particulière de chacun d'eux.

Nous nous occuperons exclusivement du Conseil de la Guerre, corps d'un rang élevé, qui date des premiers moments de la reconquête, et qui s'est maintenu jusqu'aujourd'hui, en subissant tout naturellement bien des vicissitudes et des transformations.

Il est devenu actuellement le tribunal suprême de la Guerre et de la Marine.

On a beaucoup discuté pour fixer l'ancienneté précise de ce Conseil (qui continue à être ce qu'il était autrefois, en dépit de son nom moderne, si l'on met en ligne de compte ses importantes fonctions consultatives) et les rapports d'union avec le Conseil d'État.

Colon dit que, bien que séparés, les deux Conseils ont toujours formé un seul corps, et que leurs sessions avaient lieu dans une même chambre du palais du roi ; il cite à l'appui une consulte du Conseil d'État adressée au roi Charles II, en 1682, et un décret expédié par Philippe IV au Conseil de la Guerre, en 1632. Le même auteur, pour prouver l'ancienneté de ce Conseil, son union avec le Conseil d'État et les procédés des anciens temps, expose que, dans la salle occupée par le Conseil de la Guerre, il y avait un sablier et un encrier d'argent sur lesquels on avait gravé les mots : *Conseil d'État, Guerre, Finances, et Privé (Camara);* d'où il déduit qu'on traitait dans ledit Conseil tout ce qui comporte son inscription, et qu'ainsi les deux Conseils ne faisaient qu'un ; il y avait sur les autres sabliers et encriers de la même chambre et sur la même table les seuls mots : *Conseil d'État et de Guerre* (Consejo de Estado y Guerra).

Dans une consulte adressée au Roi, pendant les années 1740 et 1741, le Conseil de la Guerre soutint qu'il était plus ancien que le Conseil de Castille, et le licencié Mantuano, écrivant de Ségovie, le 13 février 1621, au secrétaire du Conseil, fournit des données très-curieuses non-seulement au sujet de ce Conseil, mais qui peuvent aussi servir à éclaircir quelques points intéressants pour l'histoire de la pratique de notre juridiction militaire.

« En ce que le Conseil de la Guerre proviendrait du Conseil royal, je ne partage pas votre avis, dit Colon, parce que nulle part dans l'histoire on ne trouve que les grandes robes *ropones* aient jamais conseillé dans les choses de la guerre; car les rois ne sortaient jamais de la Castille, et tous les grands, les hommes titrés et les hommes riches étaient du Conseil: c'était le Conseil de Guerre, tel que son titre l'indique aujourd'hui. Quand le roi voulait faire la guerre, il se consultait avec eux; car chacun d'eux devait lui amener du monde de ses États, et on se mettait en campagne. Alors il y avait des offices de connétable, de lieutenant, d'Adelantado, des maréchaux et autres officiers, et chacun d'eux jugeait les délits des soldats en ce qui concernait son office. Quand un soldat commettait un délit à la frontière, il était puni par son adelantado, qui était son général, en l'absence du roi. La guerre finie, en dehors de ceux qui restaient à la frontière, les autres revenaient dans leurs maisons jusqu'à ce qu'on les appelât de nouveau, et, pendant cet intérim, s'ils commettaient des délits, ils étaient punis comme les simples particuliers, par les alcades et les justices de leurs localités; de sorte que jamais le Conseil royal n'a renfermé le Conseil de Guerre, et n'a donné de conseils sur d'autres matières que celles de l'État, avec lequel il est resté aujourd'hui comme auparavant : de telle sorte que le Conseil du gouvernement n'est pas le Conseil d'État de la Castille, et faites attention que, dans le Conseil des finances, *hacienda*, et le Conseil général de la Croisade et Inquisition, figurent les conseillers du Conseil royal, parce qu'ils administrent la justice en Castille et dans ses juridictions, et qu'ils n'entrent pas au Conseil de la Guerre ; que ces messieurs n'auraient pas souffert cette prééminence, si elle eût jamais existé, à moins que le Conseil de Guerre ne choisisse pour assesseur qui bon lui semble, qu'il appartienne ou non au Conseil royal, et d'une manière tout à fait indépendante. Quant aux Communes, quand le roi n'était pas en Castille et qu'il n'y avait pas de Conseil de la Guerre, le Conseil royal commença à réunir des gens pour les envoyer à l'alcade Ronquillo, et ces gens-là se réunirent très-mal, etc. » Plus loin, Colon ajoute : « On ne put y apporter remède que quand l'Empereur envoya ses pouvoirs au capitaine général de Castille, au connétable et à l'amiral ; alors ils formèrent une armée et mirent en déroute les gens des Communes (*Communeros*). Quand le roi D. Carlos arriva (en Espagne), et vit qu'il n'aurait pas à vivre en Castille, mais qu'il lui faudrait aller faire la guerre dans d'autres États, il forma le Conseil de la Guerre, en lui donnant le titre de Capitainerie générale de la Castille, et c'est le capitaine général qui rendait justice aux soldats, en toute indépendance du Conseil royal, et sans s'adjoindre aucun membre dudit Conseil comme assesseur, à moins qu'il ne le jugeât à propos, etc. » Enfin Colon répète en concluant : « Que dans les autres Conseils il y avait deux ou trois hommes à grande robe, *ropones*, avec les Conseillers, et que la même chose se serait produite dans le Conseil de la Guerre si cette juridiction ou prééminence leur eût appartenu. »

Les résolutions du Conseil suprême de la Guerre, ainsi que celles des autres Conseils, étaient adressées, sous forme de consultes, à Philippe II, qui résolvait et fait lui-même les décrets, à l'aide de ses nombreux secrétaires, chargés chacun d'une fonction distincte selon leur mandat particulier. Si l'on joint à cela que le roi faisait de lui-même des dépêches pour certaines choses et sans aucune consulte, il fallait une *volonté* énergique, un caractère à la hauteur et un grand travail : car il faut supposer (autrement la chose eût été impossible) qu'il n'y avait que les choses d'une certaine importance qui, par leur nature ou des circonstances spéciales, pouvaient être l'objet de l'attention directe et personnelle de ce monarque ; le poids des affaires moins importantes reposait sur l'expérience et le zèle de ses habiles secrétaires.

Tout cet exposé fera comprendre la vérité de la phrase qu'un jour Philippe II écrivit à un de ses ministres : « Enfin, je vous dis que la charge de Roi qui m'est incombée est des plus laborieuses. »

Il n'était ni facile ni présumable que cette manière de gouverner (tant vantée par les uns et tant critiquée par les autres) pût se continuer de la même manière, quand le trône serait occupé par un autre souverain ; car tout ce qui participe essentiellement au caractère personnel du prince disparaît forcément quand son règne est fini. Nous en avons une preuve dans

Philippe III, qui ne garda de son prédécesseur que la dévotion, et la coutume de fonder des monastères, mais qui manqua de force d'initiative dans le conseil et de fermeté dans l'exécution de ce qui était décidé, aussi bien que d'aptitude pour s'occuper des affaires et pourvoir au gouvernement du royaume, et qui se déchargea sur le duc de Lerme et autres particuliers.

Ils se donnèrent tant de latitude qu'on est tout étonné de la promptitude avec laquelle ils épuisèrent toutes les ressources d'une nation aussi puissante. C'est de leur temps qu'on reconnut l'indépendance de la Hollande qui était déjà un fait accompli, qu'on altéra la valeur de la monnaie, qu'on inventa de nouveaux impôts et qu'on expulsa d'Espagne plus d'un million de familles pour cause de religion.

Philippe IV, malgré ses prétentions littéraires excessives, montra aussi son incurie et son incapacité, peut-être toutes deux à la fois, en abandonnant les rênes du gouvernement au compte d'Olivarès et ensuite au comte de Haro. Le premier commença par susciter la haine, en faisant mettre en prison les ducs de Lerme, d'Uceda et d'Osuna, ce dernier, vice-roi de Naples ; il continua à écraser le peuple d'exactions et d'impôts, foulant aux pieds lois, fueros et priviléges ; il suscita le soulèvement de la Catalogne, qui eût voulu devenir française ; et il fallut deux années de guerre cruelle pour la recouvrer en partie, car on perdit le Roussillon. Le Portugal se révolta et conquit son indépendance, et, dans cette malheureuse époque, d'autres domaines de la monarchie furent aussi démembrés, les Açores, Mozambique, etc. ; les troubles sanglants de Naples avaient la même origine que tout ce qu'on vient d'énumérer, savoir : la rapacité de la cour, activée par le désordre du gouvernement et alimentée par des tributs exorbitants.

Enfin reprenons, en l'abrégeant, le récit douloureux de cette page de notre histoire pendant la triste agonie de la dynastie autrichienne, et finissons cette tâche pénible en disant qu'à sa mort Charles II, dernier prince de sa race sur le trône des deux mondes, nous laissa pour héritage une guerre de succession désastreuse et acharnée.

Voyons à présent quelle était la situation de la milice en ce temps-là, en ce qui se rapporte aux études dont nous nous occupons.

Le Conseil suprême de la Guerre fut privé, pendant quatre années seulement (1594 à 1598), de ce qui concernait les affaires de la justice ; cette résolution fut confiée aux alcaldes de la maison du roi et de la cour ; mais on reconnut ensuite la convenance ou, pour mieux dire, la nécessité de les restituer, à leur gond primitif.

Selon l'expression du secrétaire de la guerre, D. Martin de Sierralta (dans l'enquête qu'il ordonna par ordre du roi en 1715), la fonction du Conseil suprême de la Guerre se réduisait, dès avant 1691, à la division de ce corps en deux parties dénommées du gouvernement *Gobierno* et de la justice *Justicia*. La première s'occupait de tout ce qui était relatif à la guerre défensive et offensive par terre et par mer, en Espagne et dans les îles adjacentes ; à cette fin, le Conseil de gouvernement de la Guerre s'assemblait dans les matinées du lundi, mercredi, vendredi, et, en dehors de ces jours-là, pour toutes les affaires qui exigeaient la convocation extraordinaire. Les causes des individus dépendant de la guerre étaient la matière dont s'occupait l'autre partie qu'on appelait Conseil de la Justice de la Guerre. Il se réunissait les mêmes jours que le précédent, dans la soirée.

En 1645, le nombre de conseillers de la guerre montait à vingt-huit, sans compter les conseillers d'État qui y avaient entrée ; et cette année même, par le décret royal du 17 décembre, le nombre des premiers conseillers fut réduit à quatre. Le capitaine général de l'artillerie d'Espagne et le commissaire général de l'infanterie et de la cavalerie pouvaient aussi entrer au Conseil toutes les fois qu'ils le demandaient pour résoudre des difficultés relatives à leurs emplois.

Le nombre des conseillers fut de nouveau augmenté considérablement par l'effet des grâces particulières de Sa Majesté, et en 1651 il fallut ordonner une autre réforme qui ramena le nombre des conseillers au chiffre existant en 1645.

Le Conseil de la Justice était composé des mêmes conseillers de Guerre et d'État, assistés, d'abord, de un, et plus tard de deux assesseurs qui étaient conseillers de Castille. Ceux-ci alternaient de manière qu'il n'y eût jamais deux absents, avec deux autres membres militaires au moins. Le vote de ces assesseurs était simplement consultatif.

Outre tout ce qui a déjà été mentionné, ce Conseil avait dans sa compétence l'approvisionnement de tous les postes militaires, ce qui était relatif aux prises, aux représailles, à la contrebande, aux présides et au recouvrement des lances que payaient les grands, les commendataires et maisons assermentées aux cours du roi, pour publier les déclarations de guerre, appliquer le bénéfice de l'indult aux individus de leur juridiction, la conservation et l'augmentation des forêts et plantations d'arbres pour la construction des navires et tout ce qui était confié aux juntes de la flotte et des galères. Ces facultés éprouvèrent quelques modifications : car, par le décret royal du 13 octobre 1655, il fut ordonné au Conseil de ne pas approvisionner les ports militaires, et de demander des informations aux généraux pour la consulte de Sa Majesté, à l'exception de ceux résidant à la cour qu'il n'y avait pas à consulter; et, le 30 décembre 1665, on lui permit de le faire, mais par votes secrets, en commençant par le mestre de camp et autres officiers de cette catégorie.

La présidence de ce corps n'appartenait qu'au roi, et il avait une telle splendeur, renommée et valeur par son expérience, le poids, la sagesse et les autres qualités de ceux qui le composaient anciennement, qu'au dire de Pedraza « l'empereur Charles-Quint a dit du Conseil de la Guerre et de celui d'État qu'ils étaient *toute la science et l'entendement du prince, ses yeux, ses mains et ses pieds*, et le mobile de ses actions héroïques. »

Les fueros particuliers de la marine et de l'artillerie se perdent dans l'ancienneté de ces corps, et ils étaient à toute fin : le capitaine général de cette dernière arme pouvait, dans ces derniers temps, faire étrangler (*ahorcar*) n'importe lequel de ses subordonnés, sans aucune forme de procès ; mais durant le règne de la dynastie autrichienne on trouve déjà un grand nombre de dispositions qui réglaient et limitaient lesdites juridictions (il est rare de trouver des cédules ou des pragmatiques antérieures, parce qu'on a enlevé les papiers des archives de Simancas), et nous ne pouvons que citer la cédule royale du 27 février 1634, par laquelle on déclarait la juridiction qui appartenait aux capitaines généraux de la flotte assistés de l'auditeur ; la cédule du 16 février 1553, qui concéda aux soldats ordinaires d'artillerie le privilége qu'on ne les repoussât pas pour être logés, qu'ils pouvaient user d'armes offensives et défensives, après la retraite battue, et celle du 3 novembre 1586, pour qu'il n'y eût que la juridiction seule de l'artillerie et le Conseil de la Guerre qui pussent connaître les causes des artilleurs.

Il en est de même des ordonnances pour le régime des troupes, dont beaucoup d'écrivains qui s'occupent de cette matière, pour ne pas dire tous, font remonter l'histoire à celle de Flandre, tandis qu'il y en a de bien plus anciennes ; et nous avons eu la bonne fortune de voir dans les archives bien organisées du tribunal suprême de la guerre et de la marine, où toutes leurs richesses se trouvent sous la main (grâce principalement à la rare intelligence, au zèle et aux peines qu'a prises leur illustre conservateur, M. Louis Alminâna), une copie, légalisée dans les formes d'une ordonnance qui ne date rien moins que de l'an 1000, dont l'original doit se trouver aux archives des finances ; elle a pour objet unique d'établir des constitutions pour la garde de la personne royale de Castille, corps qui avait existé du temps des Goths sous le nom de Garde du roi, *Guardia del rey*, créé en l'an 706, et dont le chef ou protospataire fut don Pélage, au dire des historiens, sous le règne de son cousin, D. Rodrigue.

Et ce ne sont pas là les premières troupes soldées qui aient pris les armes en Espagne, en grand ou en petit nombre, puisque, par-delà l'an 408 avant J.-C., les Carthaginois amenèrent 2,000 Andaloux et 500 frondeurs mayorquins à la bataille d'Agrigente; mais, mettant de côté cette digression où nous nous sommes laissé entraîner peut-être hors de saison, nous dirons que, pendant la dynastie autrichienne, en matière d'ordonnance, on édicta au moins, le 13 mai 1587, celle d'Alexandre Farnèse, duc de Parme et de Plaisance, gouverneur et capitaine général des États de Flandre, pour ce qui est de la charge d'auditeur, les particularités de l'armée, le *fuero* de ceux qui y servent et les testaments; le 13 avril 1611, une autre de Philippe III; le 28 juin 1632, celle de Philippe IV, et un décret royal du 20 juin 1666, pour faire observer celui qui avait été formé par Gonzalve de Cordoue; ainsi soit-il des ouvrages intitulés : Préludes militaires, *Preludios militares*, en 1640, pour les officiers supérieurs et inférieurs de la guerre et les soldats de la ville de Barcelone ; il faut remarquer que cette abondance même de dispositions est un indice éloquent que les choses n'allaient pas très-bien ni dans l'État ni dans la milice, comme l'atteste implicitement une des ordonnances que nous avons citées, celle de 1632, dont le préambule ne peut faire moins que d'attrister quiconque le lira. Voici ce qu'il dit :

« Pour que la discipline militaire de mes armées soit tombée de toutes parts, de manière qu'elles se trouvent avoir perdu le degré d'estime qu'elles avaient par le passé, ayant éprouvé différents succès où ceux de leur temps étaient à leur rang et réputation, la cause de quoi est d'avoir manqué à observer mes ordres, et parce qu'il convient tant à mon service de restaurer ce qui s'est relâché par suite des abus qui se sont introduits, j'ai ordonné de former une junte des ministres de mes Conseils d'État et de la Guerre, où l'on verra les ordonnances que le roi monseigneur et père (qu'il ait la gloire !) a commandé d'établir le 16 avril 1611, et les avertissements qu'ils m'ont donnés à ce sujet, précédés de ce que l'expérience a montré convenir de disposer pour le gouvernement de mes armes, et m'étant consulté particulièrement sur toutes, j'ai résolu ce qui suit, etc. »

Ainsi se décharge sur l'armée en masse la terrible responsabilité de nos désastres, conséquence logique et précise, directe et immédiate, du *favoritisme, qui, élevant aux premiers postes des hommes incapables de les remplir, mais assez malheureux pour pouvoir les obtenir sans les mériter, fermait le chemin au mérite reconnu, aux services nombreux et distingués, à la valeur éprouvée et au savoir notoire*, cette première condition que nous avons vu recommander par les antiques lois des Partidas, pour pouvoir commander les armées avec l'espoir d'un succès glorieux.

Nous commencerons les époques de la maison de Bourbon dans le chapitre suivant.

CHAPITRE III

Le dernier soupir de l'infortuné monarque, que les uns ont surnommé l'ensorcelé *Hechizado*, et d'autres l'imbécile, et que nous appellerons simplement Charles II, alluma la torche de la discorde en Europe, et donna lieu à une lutte formidable entre l'Angleterre, la Hollande, l'Autriche, la Prusse, Modène et la Savoie, réunies contre la France et l'Espagne. On se disputa avec acharnement pendant l'espace de treize années, la succession de l'Espagne Naples, la Sicile, la Sardaigne, les Pays-Bas et les Indes. Louis XIV, roi de France, combattait pour son petit-fils, Philippe d'Anjou, et l'empereur Léopold en faveur de son fils, l'archiduc Charles.

Longtemps auparavant, à la demande des cortès de Madrid, Philippe III avait promulgué, le 25 mai 1619, une pragmatique royale, que la reine très-chrétienne, sa fille Anne d'Autriche, ses enfants et descendants provenant de son mariage avec Louis XIII de France, ne pourraient succéder à son royaume d'Espagne ou à ses dépendances, en vertu des capitulations de son mariage; mais Charles II, étant mort sans enfants, institua pour héritier universel Philippe, duc d'Anjou, rejeton de l'antique maison dont le titre provient de la seigneurie de Bourbon, héritage de Béatrix de Bourgogne, et qui a pour origine saint Louis, roi de France, neuvième du nom.

L'état précaire de santé du roi Charles et la certitude presque complète qu'il n'aurait pas d'héritier direct préoccupaient sérieusement les cours de l'Europe quelques années avant la mort de ce monarque. On prévoyait une guerre imminente par suite des droits que mettaient en avant le roi de France, l'empereur et l'électeur de Bavière.

Pour éviter ce conflit, on signa, le 11 octobre 1698, un traité qui fut accepté par l'électeur de Bavière, au nom de son fils, le prince électoral, et par les rois de France et d'Angleterre; mais l'empereur manifesta sa désapprobation dès qu'on le lui communiqua.

Ce pacte consistait à déclarer que les royaumes de Naples, de Sicile et les places dépendantes de la monarchie espagnole, situées sur les côtes de Toscane et dans les îles adjacentes, et tout ce que nous avions en Italie, à l'exception du duché de Milan, appartiendrait par droit de succession au *dauphin*, avec les places de Saint-Sébastien et de Fontarabie, et tout ce qui appartenait à l'Espagne au nord des Pyrénées; l'archiduc Charles d'Autriche devait recevoir le duché de Milan; et le reste des États devait passer sous la domination du fils aîné de l'électeur de Bavière.

La mort de ce prince, survenue le 27 février 1699, donna lieu à un nouveau traité, le 11 et le 25 mars 1700, d'après lequel on devait ajouter toute la Lorraine à la portion assignée au Dauphin par le traité précédent, tandis qu'on donnait au duc de Lorraine le duché de Milan, et à l'Archiduc, ce qui avait été stipulé pour le Prince électoral de Bavière.

Tous ces travaux diplomatiques ne pouvaient moins que dégoûter les Espagnols, indignés et peinés de voir démembrer la monarchie, et que les étrangers n'attendissent pas la mort du roi pour se partager ses dépouilles. La même idée travailla l'esprit de Charles II et le décida à disposer par lui-même (après avoir consulté le pape Innocent XII et une junte), comme nous l'avons dit dans son testament, octroyé le 2 septembre 1700 : il ne se contenta pas de désigner pour la succession complète de tous ses Etats le duc d'Anjou, second fils du dauphin, il ajouta encore qu'il nommait à son défaut le duc de Berry ; ensuite, en cas que celui-ci mourût sans enfants, l'archiduc Charles, second fils de l'empereur Léopold, et, en dernier lieu, le duc de Savoie.

L'acceptation ayant été déclarée le 16 novembre 1700, Philippe vint en Espagne, captant bien vite les sympathies générales tant du peuple que de la noblesse, par son caractère affable et ses manières caressantes, offrant un contraste avantageux jusque dans son aspect de jeunesse vive et aimable avec le triste souvenir de son sombre prédécesseur.

Il fit son entrée dans la capitale du royaume le 4 avril 1701, avec la plus grande pompe, la magnificence des fêtes étant rehaussée par les acclamations unanimes de l'allégresse publique.

Nous avons eu le plaisir de voir une lettre écrite dans Barcelone, le 2 octobre 1701, pour ce qui se rapporte à l'entrée de Philippe dans cette ville, et, comme document curieux, nous croyons qu'elle mérite que nous en transcrivions ici un paragraphe :

« Ce soir je suis allé voir la fonction de l'entrée, qui a été très-brillante, car à l'avant-garde marchaient les timbales et clairons des compagnies du royaume, ensuite toutes les gardes de Catalogne; derrière, allaient les majordomes, que suivaient le duc de Sessa et le marquis de Quintana, avec des vêtements bordés très-riches ; derrière, le marquis d'Aytona avec le comte de Saint-Esteban, avec le même genre de gala ; et ensuite, le duc d'Osuna et le comte de Palma, vêtus de la même sorte ; ensuite, le duc de Medina-Sidonia avec l'estoc royal, suivi des pages et des cavaliers du roi ; à pied et derrière, le roi avec des vêtements de couleur café clair bordé d'or, mais avec la différence de ceux des seigneurs qui allaient tout chargés de broderies, et à cheval en même temps *mon maître*, avec vêtement azur de Turquie bordé d'or et le palefrenier mayor, et au cheval du roi allaient attachées vingt-quatre zintas qui portaient les cavaliers jurés de la ville qui allaient couverts, parce que cette ville a la prééminence de la grandesse d'Espagne, et on le dit au roi trois ou quatre fois ; et le juré en chef en portait une, quoiqu'il allât avec la différence que les autres suivaient en arrière et celui-là se tenait au côté droit du roi ; et il passa de cette sorte sur la rambla de cette ville qui était très-ornée avec la milice placée en ordre. Il fut à San-Francisco, où il donna le premier serment qui est celui des îles Mayorque et Minorque ; de là il passa à Aseo, où il fit le second qui est celui du prince, et de là il alla visiter le corps de saint Olalla, qui est sous le grand autel dudit Aseo, d'où il retourna au palais, et à son entrée, on tira cent quarante pièces d'artillerie et pierriers ; ensuite défilèrent les mascarades de nuit des charges, et finalement la fête dura quatre heures, etc. »

La guerre fut commencée en Italie par l'empereur Léopold. Philippe y alla et ajouta à ses autres qualités celle de mettre sa valeur en évidence, sans ménager les occasions de mettre sa personne en danger pour se procurer la victoire ; il s'empara de Modène, de Reggio, Corregio et Carpi ; le duc de Modène ayant été battu par Vendôme, il repoussa le prince Eugène de Savoie, qui abandonna Luzare et ses munitions; Philippe obtint encore d'autres avantages et s'assura pour le moment la possession de ses États.

Les calamités de la guerre de succession n'avaient pas encore ensanglanté le sol de l'Espagne, quand, en 1704, les Anglais et les Hollandais débarquèrent l'archiduc en Portugal. Philippe, aidé du duc de Berwick, eut à marcher contre lui et obtint de nombreux triomphes; mais il passa un nuage sur sa fortune, car, l'année suivante, on perdit Gibraltar; les gloires du Portugal se changèrent en déroutes; Philippe fut resserré par l'archiduc, qui débarqua en Catalogne, et tout commença à tourner contre le duc d'Anjou. Enfin, en résumé, nous dirons qu'après avoir éprouvé des deux côtés le sort varié des armes, ce monarque, s'étant trouvé plusieurs fois au bord de l'abîme, la campagne de 1710 termina la guerre, quoique ce n'ait pas été son dernier fait d'armes; la célèbre bataille de Villaviciosa assura la couronne sur le front de Philippe, mais en démembrant la monarchie. Car les Pays-Bas, le Milanais, Naples et la Sardaigne passèrent sous la domination de l'Autriche; la Savoie obtint la Sicile et la succession éventuelle de l'Espagne; l'Angleterre obtint, entre autres avantages, Gibraltar, Minorque et Terreneuve; la Hollande, une barrière de places fortes, et enfin l'électeur de Brandbourg devint roi de Prusse.

Le lot que la victoire assigna à Philippe se borna à l'Espagne et à ses colonies.

Aussitôt que la fin de la guerre lui donna le temps de respirer, ce monarque s'occupa de panser les blessures que tant d'années de combats avaient causées au pays; il fut aidé dans cette entreprise par l'illustre Macanat, fiscal général du royaume, homme qui travailla extrêmement au bénéfice de la couronne, de ses régales, et de la patrie. Philippe mettait à profit son zèle, son amour infatigable pour le travail, son esprit droit et incorruptible; mais un grand nombre d'ennemis puissants, caractérisés par les emplois les plus respectables de la monarchie, étaient étrangers et intéressés à ce qu'on abolisse les lois du royaume, pour rendre leur autorité plus despotique; Macanat, ne pouvant résister en face, parvint à se sauver en s'éloignant, sous prétexte de remplir des missions diplomatiques, qui ne le délivrèrent pas des complots les plus noirs, et laissèrent maître du champ le cardinal Jules Alberoni, qui, dans sa critique apologétique, *Alegaciones y memorial*, qu'il imprima en italien, confesse combien il a travaillé à obtenir la destruction de Macanat et de ses ouvrages, et se flatte même d'y être parvenu.

C'est ainsi que les cortès, nées, comme nous l'avons rapporté en parlant de la reconquête, en ressuscitant les antiques conciles nationaux des Goths, maintenues avec splendeur pendant le treizième, le quatorzième et le commencement du quinzième siècle, commencèrent à perdre leur prestige au temps de Jean II, inventeur, à ce qu'il paraît, de la célèbre *influence morale :* les cortès d'Ocana de 1442 consentirent à payer avec le Trésor les dettes des Procuradors, et assemblées tumultueusement, comme il est stipulé, dans les époques de la dynastie autrichienne, elles cessèrent d'exister complétement, quand le cinquième des Philippe et le premier des Bourbons occupa le trône de Castille. Ce fut lui qui leur accorda uniquement la considération de les mentionner au pied des pragmatiques, avec la phrase : *Le tout je veux qu'on observe et garde comme lot et pragmatique sanction faite et promulguée aux cortès.*

Cela ne fut pas un obstacle, sans doute, pour que dans les deux périodes de son règne, interrompues par le court intervalle qui s'écoula entre le couronnement et la mort de son fils don Louis, il compte la reconquête d'Oran, de la Sardaigne, de Naples et Sicile, sur le trône desquels il mit son fils don Carlos, et autres événements heureux à l'extérieur ; il mena à bonne fin des améliorations très-importantes dans toutes les branches de l'administration publique, imprimant une puissante impulsion aux arts, à l'industrie et au commerce, édifiant le magnifique Palais-Royal de Madrid ; et si quelques-uns l'accusent d'avoir dépensé de grandes sommes en objets de plaisir et d'ostentation, comme les fontaines et les jardins qu'il fit construire là-bas dans les épaisseurs de la falaise occidentale des monts Carpetans, d'autres se rappellent aussi avec reconnaissance et apprécient les utiles fondations de la bibliothèque royale, du séminaire des nobles et des académies.

Depuis l'empereur Charles V, aucun des rois ses prédécesseurs ne s'était présenté tant de fois à la tête de ses armées; c'est ainsi que, connaissant par expérience l'importance de la marine, la nécessité de tenir en bon état de défense les places de guerre et l'avantage de conserver sur pied un certain nombre de troupes, il s'appliqua avec un soin particulier à tout ce qui se rapportait à la milice, et édicta pendant son règne de sages pragmatiques et ordonnances : nous nous occuperons de quelques-unes d'entre elles dans le chapitre suivant.

CHAPITRE IV

Au commencement du règne de Philippe V, le 18 décembre 1701, on publia l'ordonnance dite *de Flandre*, qui introduisit dans notre droit militaire la nouveauté importante du conseil de guerre : il se bornait, à l'origine, à exercer sur les soldats la juridiction, qui fut maintenue ensuite dans les ordonnances postérieures et amplifiée avec les modifications relatives à la composition de toutes les classes de l'armée; il en vint à étendre sa sphère d'action bien au delà des limites des gens de guerre. De nos jours les gouvernements ont eu recours à ce conseil pour faire juger militairement les habitants du pays pour des délits ayant plus ou moins de rapport avec l'armée, et, dans des temps de trouble, pour toute espèce d'excès.

Le conseil de guerre nous vaut une étude spéciale, tant pour constituer la branche principale du droit militaire qui doit être de nôtre compétence, que parce qu'il a rempli et qu'il remplit un rôle important à l'extrême au point de vue des relations de la force armée avec l'État; et comme pour connaître à fond une institution, pour comprendre son esprit, l'examiner sous toutes ses faces et manifestations, et discourir sur elle avec certitude, la plus convenable est de l'étudier d'abord dans son berceau, pour la suivre plus tard dans son développement graduel, nous allons faire à présent un léger abrégé de l'ordonnance de Flandre en général, mais en nous arrêtant davantage à ce qui se rapporte à l'établissement et à la procédure dudit conseil.

Cette ordonnance commence avec les articles suivants :

1° Les troupes ne pouvant se maintenir dans une obéissance et discipline militaire exactes, sinon par une justice prompte des crimes et délits qui se commettent, et cette prompte justice ne pouvant s'obtenir par les lenteurs des procès qui se sont faits jusqu'à présent, lesquels ont été cause que des crimes sont restés sans châtiment, ou qu'il est si tardif qu'il ne fait alors aucune impression sur les troupes; outre que le crime n'étant pas immédiatement châtié, au lieu de couper le mal à sa racine, il augmente de telle façon que les officiers n'ayant pas la faculté de juger les soldats quand ils *commettent* le crime, ils ne peuvent pas en répondre; et notre intention étant que dorénavant les officiers en répondent et puissent contenir les soldats de leur régiment ou tercio dans leur obligation, nous avons donné et concédé, comme nous donnons et concédons par la présente, le conseil de guerre à tous les tercios et régiments de nos troupes, tant d'infanterie que de cavalerie, comme à nos dragons de toute nation, Espagnols, Italiens, Wallons et tels autres qui puissent exister pour juger tous les crimes et délits militaires, les châtier par les peines, dans la forme et manière qui est réglée ci-dessous.

2° Nous ordonnons que par ledit conseil de guerre on puisse appeler en justice tous les soldats d'infanterie, cavalerie et dragons, pour crimes et délits militaires ; mais en action civile purement personnelle on pourra seulement se réunir devant la justice militaire ; notre volonté étant aussi que tous les autres officiers de nos troupes devront être jugés devant notre surintendant de la justice militaire, tant pour les crimes militaires que pour les civils, en action purement personnelle, à la réserve des cas qui seront exceptés par nos présentes ordonnances.

3° Mais en matière d'action royale, hypothécaire et de succession des biens patrimoniaux ou de souche, lesdits militaires, tant officiers que soldats, ne pourront être cités ni poursuivre leurs actions, sinon devant les juges ordinaires et compétents, de la situation des biens, selon les coutumes du pays.

4° Et, quant aux dettes contractées, obligations passées et contrats faits par lesdits officiers et soldats, avant d'avoir été reçus au service, on en traitera seulement devant le juge ordinaire, selon les coutumes du pays, sans qu'on puisse se prévaloir du privilége militaire.

5° On observera la même chose pour ce qui regarde les crimes et délits militaires qu'ils auraient commis avant d'avoir été reçus au service.

Le mode et la forme des procédures du conseil de guerre et d'exécution de ses sentences, conformément à l'ordonnance dont nous nous occupons, méritent aussi d'être exactement connus pour la similitude et parfois l'identité de quelques-unes de ces solennités avec celles qui ont lieu à présent, afin d'en déduire l'histoire des susdites et apprécier les différences substantielles entre ces jugements et ceux que nous célébrons actuellement.

Un crime étant commis, et le coupable présumé, arrêté, le sergent-major ou l'adjudant du tercio ou régiment en rendait compte au maître de camp, au colonel ou commandant du corps, et présentait, dans les vingt-quatre heures de l'arrêt ou de la prison, un mémoire, si cela avait lieu dans une place de guerre, au gouverneur ou commandant; et, en campagne, au colonel et commandant du régiment, en cas que le général, s'il était question de troupes à cheval ou de dragons, ou le mestre de camp général, pour l'infanterie, ne se trouvassent pas à l'armée. Ce mémoire contenait le nom de l'accusé avec la désignation de sa compagnie et de son régiment, le crime pour lequel il était détenu et la demande du premier correspondant pour qu'on le jugeât en conseil de guerre, selon les ordonnances, devant être décrété dans le même papier par ledit gouverneur, commandant, etc., *soit fait comme il est demandé.*

Cet ordre exécuté, le sergent-major procédait à l'examen qu'il estimait convenir, pour voir si le soldat était coupable; et s'il était déserteur, il interrogeait d'abord lee sergents de la compagnie, en leur demandant s'ils le connaissaient autant que d'autres individus de la même compagnie; quatre ou cinq de ces sergents étant convoqués, il les faisait appeler pour les examiner l'un après l'autre, en commençant par leur faire lever la main et leur demander : « Promettez-vous *à Dieu et au roi de dire la vérité sur le point pour lequel je vais vous interroger?* » Une fois répondu : *Oui, je vous le promets*, il continuait à les interroger s'ils connaissaient le détenu; s'ils le connaissaient pour soldat de telle compagnie, s'il avait reçu une solde, fait le service de soldat; s'il avait passé en revue, à quelle époque il avait quitté la compagnie et s'ils savaient pourquoi il l'avait quittée. Le sergent et l'adjudant-major écrivaient en même temps les demandes et les réponses. Ensuite ils les lisaient à chaque témoin, pour que celui-ci dît si elles étaient conformes, et, quand elles l'étaient, le témoin signait la déclaration, ou il y mettait son signe, en cas qu'il ne sût pas écrire.

Quand, au jugement du sergent-major, il y avait assez de témoins examinés, on transférait l'accusé en prison, on y mandait un adjudant, et on procédait à interroger le coupable présumé, en exigeant d'abord le même serment et dans la même forme que pour les témoins. On lui demandait ensuite sa religion, son âge, son pays, où il avait servi, depuis quand il était au régiment, à quelle époque il l'avait quitté, pourquoi il l'avait quitté, et s'il ne savait pas que c'était un crime de quitter sa compagnie sans permission. Les demandes et les réponses écrites étaient lues à l'accusé avec le même objet qu'on l'avait fait pour les témoins : après quoi le sergent-major revenait à sa maison, faisait appeler une autre fois les témoins, qui entraient un à un dans la chambre, et après une nouvelle lecture de ce qu'ils avaient déposé, ils étaient invités à ratifier leur première déclaration ou à manifester s'ils avaient quelque chose à ajouter ou à retrancher, *ce dont ils étaient libres.*

Après avoir vérifié l'acte que nous venons de résumer et que l'ordonnance de Flandre appelle *recollection des témoins*, le sergent-major signalait une heure pour que ceux-ci se trouvassent dans la prison et, une fois rendus, il prenait de nouveau le serment du prévenu, et, lui montrant successivement chacun de ceux qui avaient fait une déclaration, il lui demandait s'il le connaissait et s'il avait quelque chose à lui reprocher : en cas d'affirmative, il le faisait écrire ; on lisait à l'accusé la déposition du témoin, pour faire constater au bas de l'écrit la conformité ou les raisons qu'exposait l'accusé et les répliques du témoin. Cet acte s'appelait *confrontation*.

Dans cet état, le sergent-major faisait part du fait au commandant du régiment, et procédait à demander permission pour tenir conseil de guerre, en s'adressant pour cela : en campagne, au général de l'armée, ou à celui qui commandait le camp où était le régiment ; et dans une place, au gouverneur ou au commandant. Le conseil devait se tenir dans la maison du colonel ou du commandant du corps du prévenu ; en cas qu'il y eût un général de cavalerie quand l'accusé était un soldat à cheval ou un dragon, ou le mestre de camp général, si l'accusé était fantassin, ne se trouvassent pas présent ou estimassent convenir qu'on se réunît dans la maison du commandant du régiment.

La permission de mettre un soldat en conseil de guerre ne pouvait qu'être accordée, à moins de raisons d'une grande importance, auquel cas on devait les faire connaître au gouverneur ou commandant général du pays ; le procès devait se faire en vingt-quatre heures, et au plus en quarante-huit, sauf les causes de grande importance qui eussent obligé à le différer.

Une fois la permission obtenue d'assembler le conseil (on devait la demander le soir), on commandait à tous les capitaines du régiment de l'accusé de se trouver à l'heure qu'on leur signalait pour le jour suivant, au lieu de réunion ; on les avertissait aussi de l'heure et du lieu de la messe qu'on célébrait avant le conseil, et à laquelle tous les capitaines destinés à juger devaient assister à jeûn.

Dans les affaires de peine capitale, il fallait au moins sept capitaines pour juger (les ordonnances de Flandre les appelle juges *juicès*, et non *vocals suffragans*. On exigeait pour la peine de mort deux voix de plus que pour la vie, et il fallait toujours, dans ce cas, deux témoins en plus à déposer de charges suffisantes contre le criminel.

Les capitaines prennent rang dans le conseil selon leur rang d'ancienneté, par files de piques, de manière que le moins ancien se trouvât à la gauche du président, qui s'asseyait le premier, et ensuite tous les capitaines selon leur rang. Ils mettaient leurs chapeaux ; les autres officiers, qui assistaient pour écouter et s'instruire, devaient se tenir debout et découverts.

Le président exposait le motif de la célébration du conseil. Le sergent-major, ou l'adjudant, en son absence, présentait les ordonnances en même temps que les informations ; il s'asseyait à gauche du commandant, et il y avait une table au milieu de l'assemblée ; il lisait le mémoire qui était le chef du procès, les informations, la recollection et la confrontation des témoins, et en dernier lieu leurs conclusions plus ou moins en ces termes : *Vu et lu les informations, charge et confrontation contre N..., accusé du crime de..., le trouvant suffisamment convaincu, je conclus pour le roi à ce qu'il soit condamné à souffrir la peine de..., signalée par les ordonnances de Sa Majesté contre ceux qui seraient convaincus de ce crime.*

Cette lecture faite, le président prenait la parole, et proposait à la junte ce qu'il estimait opportun, tant en faveur qu'au désavantage de l'accusé, et ensuite les capitaines faisaient leurs objections sans confusion et chacun à son tour. Pendant cet intervalle, on avait envoyé chercher l'accusé, que l'on faisait sortir de prison sous bonne garde, les bras liés avec une corde, et conduit par un sergent. On le menait en présence du conseil, on le faisait asseoir sur un siége ou sur un banc au milieu de la junte, où le sergent-major revenait exiger le même serment dont il a été fait mention : le président lui demandait de quel crime il était accusé, pourquoi il l'avait commis, quels motifs pouvaient l'y avoir porté, et ce qu'il avait à exposer pour sa décharge ; de même les capitaines qui eussent eu des doutes pour ou contre pouvaient l'interroger chacun de son côté. Quand personne n'avait plus rien à lui demander, on le reconduisait en prison avec la même garde, et ensuite le président parlait au sujet des raisons données par le coupable à sa charge ou pour sa décharge ; les votants pouvaient dire ce qui leur venait à l'esprit sur le même sujet, selon leur ancienneté ; après quoi on votait en commençant par le plus jeune des capitaines, et finissant par le président. On observait la formalité de se lever pour voter, et on disait à haute voix : *Trouvant l'accusé convaincu du crime de...., je le condamne à être pendu* (ou passé par les armes ou toute autre peine), ou bien, si on le trouvait innocent, le vocal disait : *Ne trouvant pas l'accusé coupable du crime pour lequel on l'a mis en conseil de guerre, je conclus à ce qu'il soit absous et mis en liberté.*

Quand le crime dont la vérification était en cause n'était pas celui de désertion, mais de certaine nature, comme, par exemple, un assassinat ou un vol commis dans une garnison ou dans l'armée, s'il n'y avait que des preuves moyennes, ou qu'il fallût confesser les complices, on votait, s'il y avait apparence de culpabilité, qu'il fût soumis à la question pour l'obliger à le déclarer par ce moyen.

Les capitaines et le président écrivaient leur vote et le signaient au bas des conclusions du sergent-major; les votes s'appréciaient de la manière suivante pour la formation de la sentence:

Deux voix de plus pour la mort que pour la vie; mort. Une de plus pour la mort, et les autres absous; absous. Une de plus à mort et les autres, châtiment corporel; châtiment corporel.

Un tiers des voix à mort, un tiers peine corporelle et l'autre tiers absolution; absolution. On suivait la même règle toutes les fois que les voix se partageaient d'une manière analogue par parties égales.

Moitié des votes à mort, moitié à vie, mais cette seconde moitié répartie également entre la peine corporelle et absous; absous.

Le compte fait, le sergent-major rédigeait la sentence un peu plus ou moins en ces termes :

Vu : le *mémoire présenté* le jour. . . . . par M. . . . par ordre, pour qu'on permette de prendre des informations contre N. . . , soldat de la compagnie, du régiment ou tercio de. . . . . ; *ledit mémoire revêtu du..... Soit fait comme il est demandé; le procès contre ledit accusé par information, recollection et confrontation ; ayant fait le rapport du tout conseil de guerre, le jour..... où le senor présidait.... le tout bien examiné avec la conclusion du senor, — le sergent-major dudit tercio ou régiment, le conseil de guerre a condamné et condamne le susdit..... à la peine de.....* Ensuite la signature de tous les juges, y compris ceux qui auraient voté d'autre façon. Car la sentence exprime toujours le résultat de la collectivité, tandis que le vote exprime l'opinion personnelle.

Pour l'acte de la notification, le sergent-major

ou l'adjudant allaient à la prison de celui auquel on avait fait le procès, et on lui faisait lire la sentence à genoux, en lui donnant immédiatement la liberté, s'il était absous; mais, s'il était condamné à mort, le confesseur entrait ensuite, car le coupable devait être exécuté le même jour sans avoir en rien des facultés pour déférer à la réserve du roi ou de son gouverneur, ou du commandant général dans le pays,

Nous arrêter à signaler, après cette description minutieuse, les points où il y a conformité et ceux où le conseil de guerre de Flandre diffère de celui d'aujourd'hui serait offenser l'instruction de nos lecteurs habituels, militaires en général, à qui il n'est pas permis d'ignorer ou d'oublier le célèbre traité VIII; il y en a plusieurs qui, parfois, dans leur carrière, auraient affronté la responsabilité de décider conformément aux prescriptions du même Code sur la vie ou l'honneur de leurs semblables; c'est pourquoi nous nous bornerons à souligner l'unique réflexion que le défaut d'un procurador ou défenseur dans l'antique conseil de guerre, et la non-intervention de l'assesseur lettré pour conseiller au commandant général de suspendre la sentence, prouvant qu'elle pouvait être injuste, sont compensés par une plus grande douceur dans la manière d'apprécier le résultat des votes pour édicter la sentence, comme il sera évident en confrontant ce que nous avons résumé à cet égard, avec l'art. 52 et suivants du titre v, traité VIII, de l'ordonnance qui nous régit, puisque dans les cas de mort, selon ceux-ci, on aurait l'absolution en se réglant sur les dispositions de Philippe V, tandis que la réciproque ne se produit pas.

L'article 27 de l'ordonnance de Flandre chargeant ceux qui assistent comme juges au conseil de voter conformément à ses prescriptions, avec la plus grande impartialité, en les assujétissant, dans le cas contraire, à la privation de leur emploi, et l'article 28 et les suivants, qui s'occupent de ce qui est relatif à l'exécution de la sentence, en cas qu'elle soit la potence, payement du bourreau, etc., ne contiennent pas de changement notable relativement à ce qu'établissent pour lesdites fins les prescriptions des titre et traité cités des ordonnances en vigueur; et, quant au cas où il y a des capitaines de cavalerie et de dragons, à défaut de capitaines d'infanterie quand l'accusé appartient à cette arme et *vice versa*, il existe la différence que l'ordonnance de Flandre n'ordonne pas aux interpolés de siéger par ordre d'ancienneté des capitaines, sans distinction de corps, sans assigner la droite dans le conseil à ceux de l'arme de l'accusé.

Pour assigner des témoins non sujets à la juridiction militaire, de même que quand les soldats ont commis quelques crimes contre les habitants des villages, ou conjointement avec eux, et qu'ils ont été arrêtés par les justices ordinaires, et quand les troupes, à l'inverse, auraient arrêté quelque paysan, l'ancienne ordonnance marque la même réciprocité pour livrer les accusés à leur juridiction respective, que l'ordonnance actuelle, et les articles de la première sont copiés dans la seconde. Si dans la première il n'y a pas la phrase par laquelle la seconde excepte de cette disposition les criminels coupables de faits dont la connaissance appartient primitivement au conseil de guerre, ce que, nous autorisant d'une expression heureuse et qui a fait fortune, nous pouvons appeler un très-fort *tornillo*, qui assujettit le paysan, dans certains cas, à la juridiction militaire, par exemple quand il s'agit de délits contre la sûreté, la tranquillité et le service d'une place, auquel cas, selon l'ordonnance en vigueur, l'administration d'une prompte justice réservée appartient à son gouverneur ou commandant.

L'ordonnance de Flandre, dans les articles 39 à 52, édicte des lois pénales dont la réunion est appelée, règle et ordre qu'il faut observer dans la subordination et discipline des troupes, commençant par commander, sous peine de la vie, à tous les soldats d'infanterie, cavalerie et dragons, d'obéir à tous les officiers, maréchaux de logis et sergents, tant de leur régiment que de tout autre, toutes les fois qu'ils leur commandent quelque chose qui touche au service du roi; et leur prescrivant une égale obéissance relativement au brigadier ou caporal de leur compagnie, quand ils se trouvaient commandés ou de garde avec eux, et il continue à établir des prescriptions et des châtiments. Parmi ces articles, on trouve celui qui défend de recharger, sous aucun prétexte, l'allocation des soldats avec des décomptes, et ceux qui les consignent ou leur passent les revues d'inspection, le droit de plainte pour les préjudices qu'ils croient leur avoir été occasionnés, en les prévenant que, dans de telles circonstances, si on les maltraitait pour cela, le capitaine ou l'officier serait suspendu, on donnerait à l'offensé cent florins et la licence aux dépens de l'offenseur; et enfin on dispose que ces règles seront observées réciproquement par les troupes françaises, moyennant l'acquiescement du roi très-chrétien, et qu'elles seront également établies pour les autres corps étrangers auxiliaires.

Dans l'ordonnance contre les déserteurs, on impose un châtiment corporel au soldat qui s'écarte de son régiment pendant les marches, et, s'il s'éloigne à une demi-lieue, la peine de la vie; on lui défend, sous la même peine, de prendre quoi que ce soit pendant les marches, de maltraiter les paysans, etc., et on ordonne que les dégâts soient payés aux dépens des officiers présents, et que le commandant réponde en son nom propre et privé ; on assigne le châtiment du fouet à celui qui tire son fusil sans ordre, et la peine de mort au soldat qui s'éloigne plus de deux lieues du lieu où il est en garnison ou caserné, sans permission par écrit, quoique le capitaine déclare l'avoir donnée verbalement ; il en est de même pour ceux que l'on prendrait à une demi-lieue désertant en pays étranger ou à l'ennemi, etc., etc. ; on renouvelle l'injonction de dresser les procès-verbaux dans deux fois *vingt-quatre heures*, et on recommande expressément aux prévôts, capitaines, officiers et gens de justice, de faire saisir ceux qu'ils trouveraient hors de leur corps, en offrant différentes récompenses pécuniaires, selon qu'on leur présentera des fantassins, des cavaliers légers, etc., et qu'on les livrera avec les chevaux, armes et effets, ou sans eux.

Les articles compris depuis le 114 jusqu'au 127 comprennent les ordonnances pour les parades et revues des commissaires de guerre, pour châtier les passe-volants, et pour les marchés.

Les articles 128 et 129 ont pour objet d'empêcher les duels et défis particuliers : on impose la peine de la vie à l'agresseur, la privation de leur emploi et une poursuite criminelle à ceux qui prennent l'épée ou le pistolet les uns contre les autres ; et on offre une récompense, qui consiste dans la licence et cinquante écus, au fantassin, cavalier léger ou dragon, qui donne avis d'un duel avéré qui a lieu dans la troupe. Enfin l'ordonnance donne des règles sur les mariages des officiers et soldats, et elle y consigne (sans doute parce qu'elle a oublié de les donner dans un lieu plus opportun) les articles où il est ordonné qu'on juge et qu'on punisse par les voies et peines contenues dans les lois civiles et les ordonnances générales ceux qui commettent des délits et crimes publics non mentionnés dans les ordonnances de la guerre. Elle prescrit de lire ces ordonnances dans les juntes d'officiers en présence du colonel, les officiers pratiquant la même chose dans les compagnies une fois par mois et ordonnant qu'on les imprime et qu'on les affiche dans les corps de garde et autres postes, où la troupe puisse les avoir en vue et les pénétrer avec toute la facilité de leurs prescriptions et des châtiments qu'on établit contre les infracteurs.

Le 10 avril de l'année suivante, Philippe V publia d'autres ordonnances qu'il appela *Règlement et ordonnances pour tous nos gens de guerre, tant de cavalerie comme d'infanterie et dragons, de quelque nation qu'ils puissent être, en quelque pays qu'ils soient ou puissent être*, acheminant à régulariser ou ordonner, autant que possible sous un pied uniforme et de bonne mine, le service qui se pratiquait avec des règles et coutumes variées selon la diversité des nations ; et tâchant de remédier à faire cesser tout motif de dispute ou de division. C'est pourquoi il établit la règle pour l'ordre de chaque corps, la manière de servir quand les troupes étaient réunies, ce qui était relatif au commandement dans tous les pays, depuis le général jusqu'au soldat, coupant court aux contestations entre officiers et aux disputes entre nations, sur les prééminences de rang, etc.

Il réduisit l'armée, sous le point de vue de l'organisation, à trois pour l'infanterie, savoir : l'Espagnole, l'Italienne et la Wallonne. La cavalerie resta seule sur le pied de cuirassiers espagnols. Ceux qui étaient sous une autre distinction entrèrent : ceux de l'infanterie, dans la nation wallonne; ceux de la cavalerie, dans les cuirassiers espagnols, en donnant l'ancienneté des brevets dans leurs emplois à ceux qui étaient incorporés dans leur nation respective. On distingua les corps dans l'infanterie par les noms de leurs colonels, et on leur assigna une place dans les formations, en établissant pour leur disposition en campagne et pendant les marches, etc., les mêmes prescriptions qui les régissent à présent, sauf de légères différences.

Le décret royal adressé au conseil de la guerre, le 10 février 1715, met en évidence les sentiments religieux de Philippe V, sa défiance chrétienne en son propre jugement, et le désir de subordonner sa volonté souveraine à la raison et à la justice, qui pourraient n'avoir pas assisté à ses résolutions, d'après ce qu'il avoue lui-même avec une modestie et une naïveté qu'il faut louer d'autant plus que ses paroles sortent des lèvres d'un monarque aussi absolu. Ayant en vue dans ce document la tranquillité de sa conscience, reconnaissant que les motifs pour lesquels Dieu met aux mains des monarques les rênes du gouvernement sont l'exaltation de la vertu, l'extirpation du vice, le bien et le soulagement des sujets, la rectitude dans l'administration de la justice et, au premier plan, la conservation de notre sainte religion, dans sa pureté la plus raffinée et son augmentation, il se décharge sur le conseil de ses obligations, en disant : « Afin qu'on comprenne ma volonté, qu'à l'avenir on me représente non-seulement ce que je jugerais convenable et nécessaire pour son gain, avec une entière liberté chrétienne, sans s'arrêter à aucun motif de respect humain, pourvu *qu'on réponde à mes résolutions*, quand même je jugerais (*pour ne les avoir pas prises avec une entière connaissance)* qu'on s'y oppose en quelque chose que ce soit, protestant devant Dieu que je n'ai d'autre intention, sinon d'employer l'autorité qu'il a bien voulu déposer en moi pour la fin qu'il me l'a concédée; et que je me décharge devant la divine Majesté, sur mes ministres, de tout ce qui se fait en contravention de ce que je leur accorde et leur donne par ce décret; ne pouvant me tenir pour heureux si mes sujets ne le sont pas sous mon gouvernement; ou si Dieu n'est pas servi dans mes domaines comme il doit l'être (par notre malheureuse misère et faiblesse humaine), au moins qu'il le soit avec plus d'obéissance à ses lois et préceptes qu'il ne l'a été jusqu'à présent. »

Décret antique qui vaut certainement mieux que beaucoup d'allocutions modernes, et qui est inspiré par les sentiments hautement religieux qui ont dicté la pragmatique du 16 janvier de l'année suivante sus les défis, qui est universellement connue, pour avoir été copiée par l'ordre de Charles III dans les ordonnances royales aujourd'hui en vigueur dans l'armée, sans que, malgré cela, ont ait pu atteindre leur but, sans doute peut-être, parce que, comme le dit don Manuel Lardizabal y Uribe, du conseil royal et suprême de Castille de Sa Majesté, dans son discours sur les peines, imprimé par ordre suprême en 1782 et cité par Colon :

Il est nécessaire que la loi ne froisse pas ouvertement les opinions généralement reçues, en déclarant infâmes certaines actions que l'on croit communément louables et honorables ; et cela quand la conception commune serait fausse et l'effet d'un véritable préjugé, parce que la force des oppositions et des préjugés des hommes est si grande qu'elle prévaut régulièrement sur l'autorité de la loi et la rend inutile ; parce que, dans des cas pareils, au lieu de la peine d'infamie, il est nécessaire d'en chercher une autre plus en rapport avec le délit.

Le 7 septembre 1705, Philippe décréta ce qui était nécessaire pour régulariser le placement et l'avancement des officiers, en faisant concourir ceux qui étaient en service actif et les réformés ; le 29 septembre 1704, 4 janvier, 22 février, 16 mars et 22 avril 1706, etc., il promulgua des ordonnances pour les régiments des gardes, l'infanterie, les gardes du corps, etc., et réglementa les fonctions et attributions de toutes les classes, depuis le général jusqu'au tambour, auquel le monarque organisateur consacre les paragraphes suivants, qui montrent à quels détails il est descendu : « Je veux que dorénavant le tambour jouisse des mêmes prérogatives que les autres soldats, et qu'il puisse monter aux grades de la compagnie, c'est pourquoi je commande qu'on ne mette à la place de tambour aucun homme qui n'ait l'âge et les forces nécessaires pour être soldat. Et parce que le défaut de bons tambours a fait varier la cadence des marches espagnoles et autres pour l'exercice et la milice de ces troupes, j'ai commandé qu'il y ait un tambour-major dans chaque régiment, avec un supplément de solde, afin qu'ayant les qualités requises, il puisse enseigner les autres tambours.»

Il s'occupa aussi de la résidence, de la solde et de la discipline des officiers et soldats empêchés de faire leur service, et publia à ce sujet l'ordonnance du 20 décembre 1717.

Quant aux corps spéciaux, l'organisation centrale de notre artillerie date aussi de Philippe V. Elle est bien la plus ancienne de l'Europe, et, en 1407, elle formait un corps à part : les artilleurs ne s'assemblaient que pour faire usage des bouches à feu ; au temps des rois catholiques elle était déjà permanente, mais elle était divisée en sections de diverses grandeurs : pendant le premier tiers du dix-septième siècle, les artilleurs de mer étaient confondus avec ceux de terre, et, en 1638, il y avait déjà un état-major d'artillerie composé d'officiers de guerre et d'officiers d'administration, avec un petit nombre d'artilleurs à titre de dépôt; mais on ne forma qu'en 1702 le bataillon des arquebusiers, dont le colonel était général d'artillerie. C'est pourquoi, encore à présent, on appelle son directeur colonel général du corps; et, enfin, le 2 mai 1719, cette arme fut organisée et forma deux sections : la première comprenait un nombre indéterminé d'officiers supérieurs et d'officiers sous le nom d'état-major, et l'autre, le régiment d'artillerie royale d'Espagne avec trois bataillons à douze compagnies, dont trois d'artilleurs, une de mineurs et huit de fusiliers; le tout demeurant aux ordres du capitaine général, sans y comprendre toutefois la partie qui était en Navarre, où les vice-rois étaient généraux-nés de l'artillerie de ce royaume, d'après une disposition de Charles II, confirmée par Philippe V en 1713.

Le corps des ingénieurs, que plusieurs confondent mal à propos dans son origine avec celui de l'artillerie, reçut de même sa véritable organisation, le 17 avril 1711, par un décret de Philippe V, basé sur le projet qu'avait remis entre ses mains, l'année précédente, le célèbre D. Prospero Verboon, quartier-maître général et ingénieur-major. On établissait des ingénieurs en chef ou de province, des ingénieurs en second, des ingénieurs en troisième et des dessinateurs aux ordres de l'ingénieur en chef de chaque province; en 1718, il y eut à l'expédition de Sicile une compagnie de soixante mineurs et de cinquante soldats du génie, dont dix-neuf furent mis hors de combat, en comptant les morts et les blessés, au siége de Messine seulement.

En février 1704, Philippe V se préoccupa de la nécessité de renforcer l'armée avec le corps des milices, quand il y avait urgence d'y recourir pour défendre les frontières de la côte alors sous le danger imminent d'une invasion; il donna des prescriptions pour rétablir et réglementer les susdites milices de ces royaumes, résolvant les doutes auxquels donnait lieu la cédule expédiée en 1696, parce qu'elle manquait de règles fixes, et qu'elle ne contenait pas les providences nécessaires, parce qu'elle ne déclarait pas formellement l'assemblée qu'elles devaient avoir et qu'elle ne signalait pas la solde dont elles devaient jouir, et qu'elle n'exprimait pas le nombre dont elles devaient se composer en tout, etc., ce que Philippe régla à la date que nous avons indiquée.

Pour en finir, ce serait une tâche interminable que de vouloir indiquer simplement la multitude des travaux relatifs à l'armée et aux *fortifications* que l'on promulgua.

En nous bornant au conseil suprême de la guerre il en résulta que la création des conseils de guerre des corps devait augmenter les affaires soumises à ladite corporation. C'est ainsi que des incidents étant soulevés par l'effet de ces juntes ou tribunaux de capitaines, comme, par exemple, les plaintes contre les arrêts desdits conseils et les consultes du capitaine ou commandant général du pays qui, usant de la haute prérogative que l'ordonnance de Flandre lui concédait, on suspendit l'exécution de la sentence et on en rendit compte au roi, qui avait à consulter naturellement dans chaque cas la résolution, avec le conseil suprême de la guerre, pour décider entre l'opinion du conseil du corps ou l'allégation du capitaine ou commandant général du pays, ou bien pour adopter une résolution distincte de celles indiquées par l'un ou l'autre.

Ces nouvelles fonctions et les requêtes présentées au roi par des fonctionnaires de la justice militaire ordinaire donnèrent davantage au conseil le caractère de tribunal, et motivèrent la nouvelle organisation du 23 avril 1714, le roi s'en étant réservé la présidence et ayant nommé dix-sept ministres : six militaires, six hommes de robe, un procureur (fiscal), deux avocats généraux et un secrétaire en chef; il réduisit ce nombre à dix le 17 août 1715 : quatre généraux de terre, deux de mer et quatre hommes de robe; un procureur et un secrétaire; le privilége d'assister aux séances avait été, selon leur demande, enlevé aux hommes d'État, et ce droit transféré aux ministres de la guerre et de la marine, ainsi qu'au capitaine général d'artillerie; les militaires et les hommes de lettres concouraient à la résolution des affaires, d'après les prescriptions rendues nécessaires par cette même législation où se trouvait réunie la juridiction de l'administration militaire et l'administration militaire.

Par suite des désastres de la longue guerre de succession dont nous nous sommes occupés dans le chapitre précédent, le militarisme, comme on dit à présent, dut arriver à un haut degré d'influence, et il dut y avoir un grand nombre de personnes avides de se procurer des prérogatives et des priviléges qui avaient alors une valeur réelle et matérielle importante; mais cela même, en augmentant considérablement ceux qui étaient exempts de la loi commune, devait tourner à faire perdre le prestige du pouvoir civil, qui périssait sous l'impulsion de l'*abus* du fuero militaire, un grand nombre de ceux qui n'y avaient aucun droit se mettant sur les rangs, comme dit le décret royal du 23 avril 1714. Par ce moyen, selon les paroles de cette disposition, ils embarrassaient l'usage de la juridiction ordinaire et d'autres encore, et par conséquent la bonne administration de la justice, avec un grave préjudice pour le service et la vindicte publique.

Pour alléger ces maux, on mit la main sur les concessions de cette espèce, on les annula, on les révoqua solennellement, comme on le voit dans la première loi, titre IV, livre VI, de la

Novisima Recopilacion : on sacrifia sur les autels de la même idée les ministres militaires du conseil de guerre, qui ne se composait que d'hommes de robe en 1717, mesure qu'on ne peut expliquer, quoique rien ne l'excuse, que par l'exagération des causes rapportées, par la crainte que l'habitude ne fût un gage de partialité de la part des généraux, et même malgré eux, quand ils traitaient des conflits de juridiction, et enfin par la fragilité de l'entendement humain, qui rarement sait se contenir en équilibre, sans se laisser jeter à droite ou à gauche, selon les circonstances, plus qu'il ne conviendrait d'après la nécessité du moment.

Une organisation aussi vicieuse et aussi incomplète ne pouvait durer longtemps, et même on devrait dire que de fait, dans la pratique, elle n'exista jamais; puisque, malgré qu'on eût considérablement diminué les attributions du conseil en réduisant sa juridiction au contentieux et à la justice, dans le court espace de temps qui s'écoula jusqu'à l'établissement de 1724, le roi nommait des généraux qu'il commissionnait pour voir et parler de concert avec les conseillers de robe, mille affaires qui se présentaient et exigeaient des connaissances spéciales pour les examiner avec une garantie certaine; mille affaires que, d'après la loi de Dieu, on ne pouvait déclarer de la compétence d'un tribunal composé uniquement de ministres avocats.

Les conseillers militaires furent rétablis par Louis Ier, dont le règne ne dura qu'un instant; et Philippe V, dans la seconde époque, ramena *les choses à l'ancienne voie*, en retirant les ministres de robe, ne laissant que les militaires dans le conseil, et nommant des assesseurs pris dans le conseil de Castille pour les affaires qui n'étaient que de pure justice et qui y avaient rapport.

De manière qu'après tant de changements, de vicissitudes et de transformations une fois passées, les circonstances qui avaient pu donner lieu à des mesures transitoires et à des essais aventurés, l'innovateur lui-même reconnut et proclama l'excellence de l'ancien système, réduit en principe à maintenir, pour la spéculation et le conseil de tout ce qui était relatif aux diverses branches de la guerre, un corps de rang supérieur, composé de généraux de mer et de terre qui, pour ce qui touchait à l'administration de la justice, pouvait prendre des assesseurs et s'éclairer de l'opinion d'avocats entendus et respectables.

C'est une leçon historique qu'on ne doit pas oublier, aujourd'hui que certains hommes caressent l'idée d'une réforme comme une espérance devant bientôt se réaliser, et que d'autres la repoussent comme une menace terrible apparaissant sur le vénérable édifice de nos institutions militaires.

CHAPITRE V

Ferdinand VI. — Charles III

Le règne pacifique de Ferdinand VI servit à développer et à continuer l'œuvre de réorganisation de l'armée, en suivant l'école de Philippe V : on maintint la discipline et on réprima la désertion par l'excès de la terreur dans les classes inférieures, et on poussa la considération envers les officiers jusqu'à ne pas les juger capables de commettre certains délits; c'est ainsi qu'enveloppant dans des phrases bien rédigées, agréables à l'imagination et à l'oreille, l'absence complète des droits, on cherchait à constater une latitude indéfinie pour les devoirs.

Dans la nation, cela était logique, une fois admis le système de gouvernement monarchique pur, ainsi que nous l'avons indiqué à la fin du chapitre III.

En 1748, on édicta des ordonnances pour le gouvernement militaire, politique et *économique de l'armée navale*, et on y désigna avec toute la clarté requise les classes soumises au fuero militaire de la marine. Ceux qui en faisaient partie ne pouvaient être contraints à comparaître en jugement devant les justices ordinaires ou autres qui ne fussent pas composées d'officiers supérieurs de la guerre ou d'officiers du ministère même de la marine : les individus en activité de service dans la flotte ou dans l'un quelconque de ses corps ou classes, emplois ou exercices de guerre, ministère et mer; les employés dans les divers travaux nécessaires à la construction, à l'équipement et armement des navires; les gens de mer et ouvriers de tout genre immatriculés dans l'étendue des domaines de la couronne pour le service des bâtiments; ceux qui se retiraient du service de la flotte, d'après une décision royale; les veuves des officiers de guerre ou du ministère, ou dépendant de la juridiction de la marine; les munitionnaires des vivres, approvisionnements, munitions, fabriques et autres choses quelconques de la marine, et tout ce qui regarderait leurs contrats et les différends qu'ils auraient au sujet des factures de leurs marchés; les hommes dépendant des munitionnaires des vivres, ustensiles ou autres denrées que leurs chefs destineraient à s'embarquer sur les navires de guerre, pour administrer les provisions et vivres à leur charge, tant qu'ils conserveraient cette destination, quand même ils commettraient un délit à terre, ce qui ne serait pas un cas d'exception. On signala aussi à la juridiction de la marine la formation et la sentence des causes contre toutes les personnes, de quelque classe ou condition qu'elles fussent, qui conseilleraient ou favoriseraient la désertion des soldats de marine ou gens de mer, en les cachant, en achetant leurs effets ou en leur en donnant pour se déguiser, devant en faire livraison aux justices ordinaires de la marine, toutes les fois qu'on le leur demanderait ; les causes de perte, naufrage ou incendie des navires de la flotte, de ses arsenaux ou choses qui leur appartenaient avec inhibition de toute autre juridiction ; la connaissance des actes relatifs à la pêche, de quelque façon qu'elle fût faite, en mer, sur ses plages, dans les ports, rivières, havres et *généralement* dans *toutes* les parties où arrive l'eau salée, et en communication avec la mer, l'inspection de la pratique et observance des règles établies sur cette matière, et la concession de licences à ceux qui auraient à s'y employer, en ayant égard à ce que le droit de pêche fût réservé aux gens de mer immatriculés.

On n'accorda pas sans restriction à la marine le fuero actif, car on établit que, si en dehors des cas réservés, il y avait des complices appartenant à d'autres juridictions, chacune d'elles soutiendrait les causes de ceux de sa dépendance, les chefs se faisant passer mutuellement les renseignements qui pourraient contribuer à la plus grande et plus prompte justification, afin qu'elles pussent toutes administrer une égale justice, et que, quand une juridiction, qu'elle fût de la marine, de l'armée ou ordinaire, entendrait dans une cause un individu sujet d'une autre juridiction, à titre de complice, dans un délit de son inspection particulière, elle devrait en donner avis à son chef ou à son juge naturel, en faisant connaître le délit, afin d'éviter les conflits de compétence, procédant avec l'impartialité et la bonne foi requises pour la bonne administration de la justice et le bien du service.

Voici donc en quoi consiste le fuero très-étendu accordé à la marine : il nous a paru mériter par son importance les détails dans lesquels nous sommes entrés.

Dans ces ordonnances de 1748, la partie des procédures criminelles offrit des améliorations très-notables en la comparant aux prescriptions de l'ordonnance de Flandre pour l'armée.

A l'égard du conseil de guerre ordinaire, comme nous appelons à présent celui qui juge les soldats et les marins, on suivit la même méthode, et on copia les expressions des ordonnances de 1701 avec les variations et additions qui en étaient la conséquence : c'est ainsi, par exemple, que le major général ou l'un de ses officiers ou adjudants exerçant les fonctions de sergent-major, etc.; que le capitaine était président à bord de son navire ; que, selon les cas, le dossier était présenté au commandant général de l'escadre ou à celui du département ou au gouverneur militaire de la place ; que le rapporteur était renseigné à l'avance, quand le navire où s'était commis le délit naviguait seul, ou qu'il devait mettre en mer avant que la cause ne fût instruite, etc.; mais on introduisit aussi une autre formalité importante dans les procédures : la charge de défenseur, oubliée dans les ordonnances de 1701, et déterminée ensuite dans l'éclaircissement du 11 octobre 1723.

Pour abréger la procédure, on prescrivit aussi dans les ordonnances de 1748, pour la flotte, que le procès serait instruit en quarante-huit heures ; l'accusé ou l'inculpé d'un délit eut la consolation d'avoir un officier chargé de faire ressortir tout ce qui lui était favorable. Le défenseur assistait à la confession de l'accusé, à la *recollection* et à la *confirmation*. Ratifiées ou non, l'accusé put lire les dépositions des témoins, faire au premier fiscal (procureur) les observations qu'il jugerait convenables, sans *provoquer d'altercation* : selon les prescriptions de l'art. 17, tit. III, traité V, il devait avoir en son pouvoir le procès pour l'étudier, fonder ses allégations, et comparaître dans le conseil, où le fiscal était chargé de lire la défense.

Dans la composition de la junte ou tribunal, on exigeait l'âge de 22 ans, comme minimum, pour les membres officiers subalternes *(voçals)* qui assistaient à défaut de capitaines. On fixa, avec plus d'attention que dans les ordonnances de Flandre, les diligences qui devaient acheminer à la vérification de certains délits que celles-ci ne mentionnent pas, s'occupant uniquement du mode d'interrogation des déserteurs et indiquant très-peu de généralités pour les autres crimes ; quant aux blessures ou à la mort, elles ordonnèrent expressément qu'on en vînt à prouver le cas par la déclaration du chirurgien, qui devait mentionner le lieu et la qualité de la blessure, si elle était mortelle ou dangereuse, et l'instrument avec lequel elle avait été faite; en cas que la mort eût suivi, si elle provenait de la blessure ; on établit pour règle de poser la foi au décès, ou que l'on fît constater par deux témoins qu'ils avaient vu le cadavre et reconnu l'identité de la personne, etc. ; dans les délits d'objets dérobés, on ordonna de justifier leur identité et procurant la preuve, si la chose était faisable, que la chose volée était au pouvoir du voleur, ou qu'elle avait eu un autre placement ; et enfin, pour les autres *délits*, on donna charge de procéder à la plus exacte justification du fait avec la méthode et la brièveté requises.

Tout cela justifie bien ce que nous avons dit en commençant, que les ordonnances de Ferdinand VI pour la marine furent un véritable et notable progrès sur celles de Philippe V pour l'armée, soit parce que le temps avait donné lieu d'y noter les défauts, soit parce que plus loin des désastres de la guerre et le pouvoir suprême étant libre des soubresauts qu'engendre une guerre à mort, l'esprit du législateur donnait entrée à des sentiments plus humains que ceux qui inspirèrent ce code de sang, où l'accusé est appelé du nom de *criminel* dès la première page ; circonstance qui suffit pour symboliser son esprit de terreur, en le rendant plus approprié à des armées de rebelles domptés, ou à des troupes mercenaires, qu'à des troupes castillanes, qui avaient combattu avec tant de hardiesse pour affermir la dynastie sur le trône.

Nous faisons à regret une observation aussi sévère, parce qu'à part les taches que nous avons signalées dans ce chapitre et qui toutes reconnaissent pour origine unique l'absolutisme radical qui existait dans le gouvernement de l'État, il n'est pas à douter que les ordonnances et les pragmatiques de Philippe V aient assis sur des bases très-fermes et avec de sages préceptes l'édifice de notre organisation militaire, excellente pour le passé et facile à réformer pour l'avenir.

Les principales mesures ayant trait à l'objet de ces études que l'on édicta sous le règne de Ferdinand VI, après les ordonnances de la flotte dont nous avons fait mention, se réduisent à celles des intendants; des décrets basés sur le concordat de 1757 et sur la bulle de Clément XII, *Alias nos*, pour mettre des limites aux immunités ecclésiastiques, et faire livrer les accusés qui se réfugiaient dans leur caractère sacré pour de graves délits, et pour une solution plus prompte au sujet des compétences; des ordres royaux tendant à maintenir le décorum et la bonne harmonie des jurisprudences ordinaire et militaire, en posant le principe que l'une et et l'autre sont indépendantes, par conséquent elles peuvent seulement se requérir et s'exhorter d'une manière réciproque, mais non se commander l'une à l'autre; quelques dispositions sur les témoignages des aforés de la guerre ou de la marine, le secours et la main-forte à prêter aux justices, l'ordre de formation des troupes pour l'exécution des sentences, pour leur suspension, afin que les écrivains autorisent les diligences, et qu'on ne fasse pas de réclamations collectives.

Le 10 août 1759, Ferdinand VI descendit au tombeau, emportant les regrets universels des Espagnols; parce que, si on n'enregistre pas dans son époque ces grands événements qui ont coutume de constituer pour un temps les gloires et les malheurs des peuples, son règne tranquille n'exigea pas le tribut si fréquent qui fait verser des larmes; et, avec des ministres comme Carjaval et le marquis de la Ensenada, il donna la paix et le bonheur, entassant les éléments de prospérité dont devait profiter son successeur, le fortuné Charles III, qui résume l'époque dont nous allons nous occuper.

Ce prince régnait à Naples et avait une bonne renommée quand il vint s'asseoir sur le trône d'Espagne et des Indes. Il débarqua à Barcelone le 17 octobre 1759, afin de commencer ses actes de monarque, en octroyant à cette ville quelques *fueros* dont Philippe V l'avait dépossédée. C'était une mesure accommodée aux circonstances et destinée à lui gagner l'amour de ceux que son père avait réduits par les armes.

La guerre recommença par suite du *pacte de famille*, signé avec les pouvoirs royaux de chaque pays, par Grimaldi et Choiseul à Versailles, le 15 août 1761, et ouvrit une période de combats où l'on versa le sang de l'Espagne et du Portugal, ces peuples frères ne conspirant pas au même but, ainsi qu'ils devraient toujours le faire, mais se dépeçant mutuellement sur les autels des intérêts personnels ; nous fûmes, en outre, exposés à perdre définitivement les Philippines et l'île de Cuba, où débarquèrent les Anglais, ce qui donna lieu à de glorieux épisodes comme la défense du Castillo-del-Morro, qui immortalisa son gouverneur don Luis de Velasco et le marquis Gonzalès de Castejon. Les avantages obtenus sur d'autres points furent loin de compenser la perte de la Havane, qui ne fut rendue qu'en vertu du traité qui mit fin à la guerre.

Charles III laissa son nom uni à de grandes réformes dans toutes les branches, à de superbes ouvrages publics et à l'expulsion des jésuites. Ce dernier acte fut entaché de violence que la passion politique a voulu non-seulement justifier, mais glorifier; mais l'impartiale histoire, se renfermant dans le terrain de la légalité, le qualifiera enfin comme un tumulte, excusable s'il eût été fait par une révolution, mais inconvenant de la part d'un pouvoir régulier, et auquel il ne fut jamais permis de condamner et encore moins de châtier un accusé sans écouter sa défense.

Comme événements militaires qui eurent lieu sous ce règne, on doit rappeler la brillante campagne de Minorque et la reddition de la garnison anglaise du fort San-Felipe, en 1764; le malheureux siége de Gibraltar, qu'il fallut lever en 1782; les entreprises de Barcelo par mer, la défense de Melilla, attaquée en 1774 par l'empereur du Maroc, et le débarquement désastreux d'O'Reilly sur les plages africaines. On introduisit des réformes considérables dans la tactique, en adoptant les améliorations obtenues dans cette branche par d'autres armées, notamment par l'armée prussienne, et on fit des progrès en ce qui concernait l'administration de la justice.

Quant à ce dernier point, les dispositions les plus transcendantes furent celles contenues dans les ordonnances (encore en vigueur) pour le régime, la discipline, la subordination et le service des armées, publiées le 16 janvier 1769 (1), dans la nouvelle composition du conseil de la guerre et de ses attributions telles

(1) Cette date est ordinairement mal donnée dans les réimpressions des ordonnances royales, qui font dater ledit code de 1779, erreur accréditée au point que dom Alexandre Bacardi y est tombé lui-même en rédigeant son excellent *Traité du droit militaire d'Espagne et de ses Indes.*

qu'elles furent établies le 4 novembre 1773 ; et dans la règle des tribunaux d'artillerie promulguée le 26 février 1782.

Les ordonnances mentionnées consacrent leur traité VIII aux matières de justice : le titre Ier explique les exemptions et les prééminences du fuero militaire, et la déclaration des personnes qui en jouissent; le titre II, les cas *et délits où le susdit fuero est confirmé*; le titre III, les cas et délits où la juridiction militaire connaît des accusés qui en sont indépendants ; le titre IV signale les causes dont la connaissance appartient aux capitaines généraux des provinces ; le titre V s'occupe du conseil de guerre ordinaire, en maintenant cette institution introduite dans les ordonnances de Flandre, avec leurs modifications consécutives, ainsi que nous l'avons indiqué dans le chap. IV de cet ouvrage ; le titre VI établit le conseil de guerre des officiers généraux, c'est-à-dire une junte composée d'officiers d'un grade plus élevé qui est chargé d'examiner, comme un tribunal, les crimes militaires et les fautes graves que les officiers pourraient avoir commis contre le service; le titre VII détermine les délits dont la connaissance appartient au conseil de guerre des officiers généraux; le titre VIII traite de l'auditeur général d'une armée en campagne et de ceux des provinces; le titre IX, des formalités qu'on doit observer dans la dégradation d'un officier délinquant; le titre X, des crimes militaires et communs, et des peines qui y correspondent; et enfin le titre XI, des testaments.

On déduira facilement de cette simple énumération qu'on a traité les points qui intéressent l'objet qu'on se propose, sans en omettre aucun; mais, par la nature même de ces points et la circonstance qu'il s'est écoulé un siècle depuis la publication de ce code, on en déduit également l'impossibilité de l'appliquer exactement à notre époque, et la quantité de dispositions isolées qui sont venues s'y ajouter, produisant une telle confusion, un tel chaos, qu'à présent on peut affirmer (sans risque d'être contredit par personne) que l'ignorance du droit militaire est générale non-seulement dans ceux qui servent dans les rangs de l'armée, qui n'ont ni le temps ni le moyen d'étudier la matière à fond, mais même, parmi les fonctionnaires chargés spécialement de son étude et de son application, comme le démontrent, à chaque moment, les doutes, les dissentiments et les fautes commises dans cette branche, dont le nombre, excessivement augmenté en comparaison de la totalité des arrêts, surtout dans la juridiction facultative et extraordinaire de la guerre, que nous avions d'abord en vue, vient à l'appui de notre assertion.

Et il n'en peut être autrement; il n'y a pas d'études, pas de zèle qui suffise pour énumérer ce qui est innombrable, pour coordonner ce qu'on ne saurait classer, et pour retenir dans la mémoire un tel fatras de dispositions, parfois contradictoires, les unes qui dérogent à celles en vigueur, les autres qui se confondent avec elles; celles-ci, inapplicables, jamais appliquées, quoique dans leur force et vigueur; celles-là, parce qu'elles sont imprévues, parce qu'elles sont un reflet fugitif d'existences ministérielles rapidement dévorées, parce qu'elles respirent la passion politique du moment, et pour mille et mille raisons que nous n'avons pas besoin de spécifier, car on les connaît trop.

Le conseil suprême de la guerre, modifié le 4 novembre 1773, c'est-à-dire après que les ordonnances royales étaient en vigueur, reçut un nouveau plan, d'après lequel on augmenta le nombre des ministres spéciaux, qui exercèrent journellement l'emploi de leur institution et leurs charges particulières.

On nomma vingt conseillers, dix de fondation et dix autres d'assistance continuelle, un fiscal militaire, un autre de robe et un secrétaire; ajoutons un autre ministre en plus pour assister continuellement, par décret royal du 20 février 1789, en qualité de ministre politique; ce fut dom Sance Heredia, secrétaire d'ambassade à la cour de Paris; les ministres de fondation étant le secrétaire des dépêches universelles de la guerre, le capitaine le plus ancien des gardes royales du corps, le colonel le plus ancien des gardes royales d'infanterie, les inspecteurs généraux d'infanterie, cavalerie et dragons, les commandants généraux de l'artillerie et du génie de l'armée, et les inspecteurs généraux de la marine et des milices; les conseillers d'assistance continuelle étaient deux officiers généraux de terre, deux de la marine, un intendant d'armée, un autre de marine, quatre ministres et un fiscal de terre accrédité, un fiscal militaire d'un grade et d'un mérite correspondant, qui aurait servi dans la troupe (sans préjudice de celui qu'il y avait) et qui se trouvât parfaitement instruit dans les ordonnances et règlements de terre et de mer;

Dom Julien San Cristobal, régent de l'audience d'Oviedo ;

Dom Antonio Valladolid, fiscal de la salle des alcades de la maison du roi et de la ville ;

Dom Antonio Abadia, oidor de l'audience d'Aragon ;

Dom Francisco Geronimo Herran, fiscal de lettres ;

Le maréchal de camp dom Luis Urbina, fiscal militaire ;

Le secrétaire dom José Portuguès.

Les attributions du conseil furent consignées dans les articles suivants :

« 8° Je concède à ce conseil suprême la pleine faculté et juridiction, pour connaître et décider de l'universalité des causes civiles et criminelles qui appartiennent à n'importe quel titre au fuero de la guerre et à toutes les classes dont se composent les troupes de terre et de mer, en y comprenant celles de ma maison royale, l'artillerie et les milices, sans préjudice des priviléges accordés au corps de mes gardes royales du corps, aux régiments des gardes royales d'infanterie, à la brigade royale des carabiniers et au corps de l'artillerie pour la poursuite et la sentence de leurs causes en première instance, leur réservant aussi la consulte à ma personne royale que je leur ai accordée; bien entendu que mon intention royale est de ne pas faire d'innovation au préjudice des justices ordinaires, mais bien de déclarer que dans ce conseil on doit traiter toutes ces causes et affaires qui, par ordonnances et décrets royaux, appartiennent au fuero militaire, et dont ses juges connaissent. »

Comme notice curieuse, nous insérons à la suite la liste des conseillers qui ont composé ce corps élevé, en conséquence de la réforme et organisation de 1773.

Conseillers de fondation.

Le comte de Ricla, du conseil d'État et de la secrétairerie d'État, et du bureau général de la guerre;

Le prince Maserano, du conseil d'État, capitaine général des armées royales, capitaine de la compagnie italienne des gardes du corps ;

Le lieutenant général comte de Priego, colonel du régiment de la garde royale wallonne;

Le lieutenant général comte de Gazola, commandant général de l'artillerie ;

Le lieutenant général comte d'O'Reilly, inspecteur général de l'infanterie ;

L'inspecteur général de la cavalerie ;

Le maréchal de camp don Martin Alvarez, inspecteur général des milices ;

Le maréchal de camp don Eugenio Breton, inspecteur général des dragons ;

Le chef d'escadre don Pedro Cartejon, inspecteur général;

Le commandant général des ingénieurs de l'armée (don Pedro Martin Cezmeno l'était par intérim).

Conseillers d'assistance continuelle.

Le lieutenant général de la marine don Pedro Mesia de la Cerda ;

Le lieutenant général de la marine marquis de Spinola ;

Le lieutenant général de l'armée de terre, don Pedro Cebellos ;

Le lieutenant général de l'armée de terre don Mariano de Casa-Tremanes ;

L'intendant général de l'armée don André Gomez de la Vega ;

L'intendant général de la marine don Juan Domingo de Medina ;

Don Miguel Galvez, alcade de la maison du roi et de la ville de Madrid.

9°. « Il connaîtra de même, dans le grade correspondant, de toutes les affaires relatives à quelques personnes que ce soit, qui, par ordonnances, décrets, ordres et contrats, ont été déclarées composer le fuero militaire ; des affaires purement contentieuses touchant aux tirages au sort, fortifications, présides, construction de navires, ateliers et montages de la marine, fonderies d'artillerie, fabriques d'armes et munitions, courses en mer, infraction des traites de paix, espions, étrangers de passage, ustensiles, logements de troupes, leurs hôpitaux, leurs marchés de vivres, vêtements et autres objets appartenant à l'armée et à la flotte, sans qu'aucune résolution donnée en sens contraire puisse les empêcher; et, finalement, de toutes les matières et causes qui leur correspondent dans le sens contentieux, conformément aux dernières ordonnances militaires et de la marine, en remettant préalablement aux justices royales la connaissance des biens de majorat, comme on l'a fait jusqu'à présent; et aussi celles des patrimoines de militaires dont les héritiers n'appartiennent pas ou ne jouissent pas des priviléges du fuero de la guerre; et doit rester à la charge du conseil de continuer la direction du mont-de-piété militaire, selon son règlement particulier et les ordres donnés à son sujet.

20_o. « A l'effet de réunir dans le conseil la connaissance universelle de toutes les branches appartenant à son inspection, et en admettant que, par cette nouvelle organisation, les trois emplois d'assesseurs généraux étaient éteints, eux qui ont servi et rempli à ma satisfaction les ministères de mon conseil royal, j'ordonne d'incorporer dans ce tribunal les emplois d'assesseurs de la troupe de ma maison royale et de ma marine, et qu'à l'avenir, le premier soit un conseiller de robe, et le second, celui qui le suit, et qu'ils n'aient pas d'autre solde que celle qui est assignée à leurs places.

21°. « Je déclare de même, comme étant supprimées, la délégation de cavalerie du royaume et la commission de juge de présides qu'ont rempli jusqu'à présent avec zèle et certitude les ministres particuliers auxquels on les a confiées, et je veux que les deux fonctions soient incorporées à la salle première où on donnera toutes les providences de gouvernement, en remettant à la seconde les causes de justice.

En outre, on lui donna, en 1774, le droit d'intervenir dans les dénonciations des causes de cavalerie, et dans la plupart de celles qui étaient imposées par les juridictions de la guerre et de la marine; en 1797, la connaissance des affaires dans le degré de seconde instance et d'injustice notoire.

La présidence continua à être réservée au roi, dont le sceau, placé sous un dais, devait être devant lui quand le monarque assistait au conseil en personne, et enlevé en son absence : le conseil étant divisé, comme anciennement, en deux salles : la première de gouvernement, et la seconde de justice, ayant toujours chacune pour président des ministres de la classe des officiers généraux les plus élevés en grade et en ancienneté parmi ceux qui étaient présents ; mais, le jeudi de chaque semaine, on devait célébrer un conseil plénier, auquel assistaient tous les ministres de fondation, avec les autres qui ne seraient pas empêchés par maladie ou affaire déterminée de service, pour traiter de préférence les affaires remises à cet effet par le roi, comme les consultations sur les doutes des ordonnances, et celles qui par leur nature et les circonstances l'exigeraient, auxquelles on aurait réservé quelque salle pour être examinées en plein ; étant, en outre, de leurs juridictions économiques, au nombre de trois, les classes de juridictions exercées par le conseil suprême de la guerre, à savoir : la juridiction spéciale facultative, la juridiction militaire ordinaire et la juridiction extraordinaire.

La juridiction facultative s'appelle ainsi parce qu'elle se rapporte à l'application des lois purement militaires, qu'elles soient connues sous la désignation caractéristique d'*ordonnances*, ou bien qu'elles soient celles que les généraux en chef, d'après ces ordonnances, peuvent imposer au moyen d'arrêtés (*bandos*), quand ils font des lois pour la troupe et ceux qui la suivent; cela fait tomber le conseil en seconde instance dans certains cas; dans d'autres, il propose à Sa Majesté une peine extraordinaire, et parfois il décide de lui-même : la première chose a lieu dans quelques délits dont le jugement en première instance appartient au général, avec avis de l'auditeur; le premier et le deuxième cas se présentent quand les capitaines généraux n'approuvent pas les sentences des conseils de guerre, ou bien si le conseil était consulté sur des cas douteux de ces mêmes conseils de guerre.

La juridiction facultative comprend, en outre, la juridiction de la marine, celle de l'artillerie et du génie, d'après la teneur du titre VII, livre VI de la *Novisima Recopilacion* des ordonnances et règlements de ces corps.

La juridiction militaire ordinaire (exercée aujourd'hui par le tribunal suprême de la guerre et de la marine) est celle qui appartenait au conseil suprême de la guerre, en tant que tribunal d'appel, et, en première instance, aux capitaines généraux ayant l'auditeur pour assesseur, et se conformant d'ailleurs, dans les causes civiles et criminelles, aux lois des aforés de la guerre dans leurs districts respectifs, en dehors des cas et délits qui étaient de la compétence propre des conseils de guerre.

La juridiction militaire extraordinaire, ainsi nommée par opposition avec celle que nous venons de mentionner, embrasse sous ce point de vue celle que nous avons définie en premier lieu, en la qualifiant du titre de *facultative;* mais comme la juridiction militaire peut perdre ce caractère facultatif, sans s'accommoder pour cela aux formes de la juridiction ordinaire, c'est pour cela que nous avons la pure juridiction extraordinaire, toutes les fois que le cas se présente.

Dans l'exercice des trois juridictions indiquées et de celle qui regarde les corps étrangers, le conseil suprême de la guerre, étant tout à la fois corps de consultation pour le monarque et le centre de l'administration militaire du pays, se maintint sans altération jusqu'au moment où le système politique de la nation ayant été changé, il troqua son nom pour celui de *Tribunal spécial de guerre et marine*, qui commence dans l'histoire de cette respectable corporation les vicissitudes inévitables, filles de l'agitation de notre époque; vicissitudes dont nous nous occuperons en temps et lieu, nous proposant pour le moment de fixer notre considération sur la période historique pendant laquelle le conseil reçut l'organisation que nous examinons à présent.

Nous avons dit que, le 26 février 1782, parut le règlement des tribunaux de l'artillerie : pour préparer cette mesure, Charles III avait disposé que le commandant général du corps et son assesseur général étudieraient la question, et proposeraient ce qui était convenable. C'était le comte de Gazola et D. Miguel Calvez, dont les travaux durent être examinés par les secrétaires de Sa Majesté aux Dépêches universelles de la guerre et des Indes : ces personnages ayant aussi pris l'avis du comte de Laci, commandant général de l'artillerie, au moment de la résolution souveraine, elle fut édictée. Elle avait pour objet d'éviter des doutes et des conflits de compétence sur le personnel des tribunaux, la juridiction, les facultés et la manière de procéder, en adoptant une méthode aussi uniforme que possible dans les domaines de l'Espagne et des Indes.

Ce règlement, composé de vingt articles, établit par son premier alinéa que le tribunal de la Cour sera formé du commandant général et de l'assesseur général (ce dernier devant appartenir au conseil de la guerre), d'un avocat fiscal et d'un écrivain. Dans les provinces principales provinces de l'Espagne, aux Indes et dans leurs îles, il disposa qu'il y aurait des tribunaux subalternes composés du commandant du corps, d'un assesseur, d'un avocat fiscal (s'il se trouvait un homme de lettres propre à cet emploi) et d'un écrivain. La juridiction particulière de l'artillerie devait comprendre les causes civiles et criminelles où les accusés seraient des individus employés et dépendant de l'artillerie, les femmes, les enfants, etc.; les *ab intestat*, les héritiers avec testament, les causes de vol, d'incendie ou d'insulte dans les maîtrises, les parcs, etc. On en appelait pour les jugements au conseil suprême de la guerre.

La présidence des Conseils ordinaires était réservée au commandant du corps, qui, d'après l'avis de l'assesseur, approuvait ou désapprouvait la sentence. Dans ce dernier cas, on en rendait compte à Sa Majesté par le canal du commandant général. Les vice-rois des Indes, les capitaines généraux ou gouverneurs indépendants devaient pourvoir directement à une solution après avoir entendu leur assesseur.

Dans les affaires criminelles contre des officiers qui sont du ressort du conseil de la guerre; on n'apporta aucun changement à ce qui avait été établi dans les ordonnances générales de l'armée, relativement aux officiers des autres armes, en prévenant seulement que le procès devrait être soutenu par un officier d'artillerie, quand il y en aurait. Le commandant général, de l'avis de l'assesseur, eut la faculté d'ordonner des mesures dans les cas légers, et les conflits de compétence furent déclarés du recours du conseil de la guerre en Europe, et de celui des vice-rois aux Indes. Les assesseurs furent chargés de l'admission des poursuites légales, de soutenir les procès et les causes jusqu'à la sentence définitive, qu'ils devaient mettre au nom du commandant. Et finalement, on excepta du fuero de l'artillerie, au civil, les jugements sur la succession des majorats, tant en usufruit qu'en propriété, et, au criminel, toutes les causes de défi, de contrebande et de fraude des rentes royales, de résistance à la justice, de tumulte ou sédition populaire, de jugements illicites, d'armes courtes prohibées quand la personne était appréhendée, de fausse monnaie, de contravention aux arrêtés de la police et aux providences du bon gouvernement des populations, et à ce qui était relatif aux fonctions des charges étrangères à la milice; ce fuero supposant aussi les prééminences consignées dans les ordonnances pour le reste de l'armée.

Outre les dispositions relatives à la justice militaire que nous avons énumérées en leur lieu, à cause de leur généralité et de leur transcendance, Charles III en édicta beaucoup d'autres sur le même sujet, dont les suivantes nous paraissent les plus dignes d'être mentionnées.

Il ordonna que la durée des arrêts des officiers fût de huit jours pour les fautes légères, et que, dans le cas où l'on intenterait une cause, elle commençât dans le terme de trois jours après que la mesure aurait été prise, car dans l'ordonnance de l'arme c'est seulement pour les arrêts des soldats qu'il y a une limite fixée par l'article 59, titre I, traité II. Sans doute, on mit à part, en vertu de l'éclaircissement postérieur, les facultés des colonels et autres chefs de régiment, pour infliger des punitions à leurs subalternes, puisqu'on ne devait faire des procès aux officiers que dans les cas prévus par les ordonnances, et il appartenait, pour des fautes légères, aux colonels et aux officiers supérieurs d'apprécier le temps régulier qui suffisait pour corriger le délit, afin d'empêcher le désordre qui pourrait en résulter, en faisant part au gouverneur ou commandant des armes, quand les arrêts excédaient vingt-quatre heures, et à l'inspecteur quand ils dépassaient huit jours, afin que, lui expliquant les fautes qui les avait motivés, il pût donner les ordres convenables, ou bien ordonner, en cas de rechute, la formation d'un procès-verbal pour se conformer à l'ordonnance.

Il limita avec clarté les attributions de la justice royale et celle du tribunal de l'Inquisition en ordonnant par la première d'appliquer aux accusés de bigamie les peines graves, comme la honte, les fouets, les présides, etc., tandis que le Saint-Office agissait uniquement par peines correctionnelles de pénitence et médicinales.

Il abolit la peine de la prison perpétuelle pour éviter la haine complète et le désespoir de ceux qui se verraient exposés à sa douleur interminable, et il introduisit celle de dix années, avec une réserve qui ouvre la porte à l'espérance.

Il modéra les peines imposées au vol par l'ordonnance, les laissant sans aucun doute bien sévères et pas du tout claires dans certains cas.

Il disposa qu'on châtierait de mort l'évasion avec effraction de porte, muraille, fenêtre, etc., pour la fracture simplement.

Il rendit uniformes les règles du gouvernement intérieur et la pénalité dans les maîtrises des arsenaux de la marine, en prohibant d'envoyer dans ces établissements les condamnés pour crimes d'incendie.

Il fixa des peines pour l'abandon de la garde, la désertion, les jeux illicites, la rechute, l'ivresse, le mariage sans permission, etc.

Il fit des règlements pour les milices de Cuba.

Il accorda la plus grande importance à ce que les lois pénales fussent lues aux recrues dans leur propre idiôme, recommandant expressément que cette circonstance fût mentionnée pour en tenir compte quand on imposait le châtiment, et sans donner une transcendance pareille au serment au drapeau.

Il expliqua que la distinction accordée aux officiers de jurer sur leur parole d'honneur ne devait s'entendre que des choses militaires; pour le reste, ils devaient jurer la main sur la croix de l'épée.

Il pourvut à ce que les procès-verbaux pour affaires légères fussent confiés aux adjudants, afin de décharger en partie les sergents-majors; que l'officier défenseur fût du même corps et d'une compagnie différente de l'accusé; que ledit défenseur ne sollicitât pas grâce, que les indices indubitables formassent preuve entière; qu'on n'envoyât pas par sentence les individus sur les vaisseaux de guerre, que les vocals ou membres des conseils n'éludassent pas l'obligation d'absoudre ou de condamner avec remise des actes au suprême, pratique qui s'était introduite contre l'ordonnance; qu'après la lecture du procès, les vocals pussent mander au fiscal de lire de nouveau les déclarations et diligences qu'ils croiraient convenables, et lui faire des demandes et des observations pour s'éclairer.

Qu'en campagne, le tribunal du général en chef entendît seulement les choses de contravention aux arrêtés dont il se réserve la connaissance particulière et les causes de fautes ou crimes en les faisant publier, sous des peines que ne prescrit pas l'ordonnance.

Il défendit que les colonels ou autres chefs des régiments imposassent à aucun individu le châtiment des arsenaux, les présides, les baguettes, etc., même dans les cas graves particuliers, sans que ce fût par la sentence d'un conseil de guerre.

Et finalement, il nous laissa, entre autres diverses providences sur le recours aux justices, les aforés, les asiles, les facultés des prévôts dans les camps, et les compétences de commandement et de siége dans les conseils suscités par diverses combinaisons et permutations qui peuvent se former avec les mots « vif et effectif, gradué, réformé, dispersé, agrégé, place, régiment, infanterie, cavalerie, dragons, artillerie et ingénieurs. »

CHAPITRE VI.

CIRCONSTANCES ATTÉNUANTES DE L'ÉPOQUE DE CHARLES IV.

Nous allons nous occuper d'une des périodes les plus tristes de l'histoire de notre patrie, du règne de Charles IV; et avant d'entreprendre une tâche aussi désagréable, nous croyons que, pour juger avec certitude et charité en même temps, les actes d'un monarque aussi malheureux dans le gouvernement du royaume que dans le sein de sa propre famille, c'est le moment de diriger un regard rétrospectif sur la monarchie, de consigner sa décadence graduelle, et d'en déduire que, de même que les rois catholiques ont recueilli l'héritage de sept siècles de combats glorieux, livrés en vue de l'indépendance et de la liberté de l'Espagne, Charles IV eut à accepter les conséquences de sept règnes d'absolutisme plus ou moins illustrés.

Il sera juste, par conséquent, d'après les règles de la justice et d'une saine critique que, comme nous ne nous laissons pas éblouir par la gloire qui environne la mémoire des premiers, de même nous ne nous laissions pas aveugler par les ombres qui ternissent la réputation de ce dernier monarque.

Et le caractère de cet écrit ne nous permettant pas de nous étendre sur certaine sorte de considérations, nous avons réfléchi que rien ne peut donner une idée plus parfaite de l'Espagne de Charles IV, que la simple exposition des données suivantes :

Il paraît, d'après le cadastre fait en Castille sous le règne de Ferdinand VI, que l'état ecclésiastique possédait alors 12,204,053 mesures * de terre dont les produits réguliers étaient :

(*) Medida = 12 fanegadas = 12 × 64 ares 396 = 7 hect. 72 ares 75. cent.

161,392,700 réaux de veillon *. Et 2,983,277 bêtes à cornes.

Produisant . .	21,937,619	—
Soit. . .	183,330,319	réaux de veillon.

D'après le calcul du marquis de la Corona, qui accompagne une réponse fiscale faite en l'an 1865, il y avait en Castille :

Pour chaque laïque,	pour chaque ecclésiastique,	
9 1/3	86 1/3	mesures de terre.
4 1/3	20 1/3	têtes de bétail **.

D'après l'exposé officiel du secrétaire de l'H[a]cienda, le 16 septembre 1798, on estimait à plus de deux cents millions de piastres fortes *** la valeur des hypothèques appartenant à des œuvres pies, aux hermandades et aux services des morts.

D'après un mémoire présenté aux Cortès et qui se rapporte à un monastère déterminé, afin d'approvisionner de viande fraîche et de combustible 150 frères, on détruisit quatre villages depuis les années 1550 jusqu'en 1600, et on en anéantit

(*) Real de veillon = 34 maravédis = 26 c. 700.

(**) Voir la collection des opuscules de Manuel del Campo.

(***) Piastre forte = 5 fr. 37 c.

sept autres, faisant disparaître ainsi une population de 2,300 à 3,000 familles.

Selon un autre mémoire présenté aux Cortès par le gouvernement sur les biens et les rentes du clergé espagnol, la valeur des dîmes ecclésiastiques de la Péninsule a dépassé.	600,000,000
Et celle des hypothèques rurales et urbaines, tenant compte de celles déjà aliénées, rendait encore en 1821 plus de.	200,000,000
Prémices, vœu de Santiago, croisade, dépouilles des évêques morts, bulles, saints lieux de Jérusalem.	100,000,000
Service et pied-d'autel, quêtes de messes, baptêmes, mariages, enterrements, bouts d'an, anniversaires, processions, fêtes, confréries, hermandades, neuvaines, rosaires, scapulaires, reliques, pélerinages, troncs des âmes et des saints, chaires à	
Total à reporter. .	900,000,000

	Réaux de veillon.
Report. .	900,000,000
prêcher, carêmes et autres articles.	150,000,000
Aumônes, produits pour la subsistance du clergé régulier mendiant, précisément.	250,000,000
Produits des predios ruraux et urbains, du clergé régulier, moines mendiants et mixtes. . . .	20,000,000
Total.	1,320,000,000
Dont on doit déduire pour le subside des revenus, le neuvième, les subsides, les pensions sur les mîtres vacantes et aux articles qui rentrent à l'Etat	300,000,000
Et il restait pour le culte et les ministres.	1,020,000,000

Selon les recensements officiels de 1769, 1787 et 1797 et autres documents dignes de foi, il y avait dans le royaume, quand Charles IV monta sur le trône, le nombre suivant d'édifices, temples et de ministres et desservants, pour leur service exclusif :

EDIFICES.

Cathédrales.	58
Collégiales	85
Paroisses.	18,972
Ermitages en ville.	3,000
Sanctuaires aux champs.	2,000
Couvents de frères.	2,005
Couvents de nonnes.	1,029

PERSONNEL OU ETAT DE FORCE.

Archevêques, évêques, abbés, doyens, archidiacres, vicaires, chanoines, prébendes, chapelains de chœur, chapelains d'autel, écolâtres, officiers de chancellerie, familiers de l'office, théologiens, avocats de la chambre épiscopale, majordomes, trésoriers, sacristains, bedeaux, musiciens, etc., etc., qui subsistaient du service des cathédrales et collégiales. 20,000

Curés de paroisses	16,689
Bénéficiaires	23,698
Lieutenants de cures	5,771
Sacristains	10,876
Acolytes	5,533
Chapelains patrimoniaux.	13,244

Ordonnés mineurs	10,774
Demandants	7,033
Dépendants de la croisade.	1,846
Étudiants, théologiens et canonistes.	6,000
Ermites des ermitages en ville. . . .	1,000
Quêteurs d'ermitage en campagne. .	1,200
Domestiques ou serviteurs dépendants des curés. Bénéficiaires et lieutenants	46,000
Religieux profès.	37,363
Novices.	2,290
Frères lais	7,000
Frères donnés convers.	4,225
Domestiques de religieux.	7,926
Enfants servants de religieux. . . .	1,952
Prêtres de congrégation.	161
Domestiques de congrégation. . . .	110
Ermites réguliers.	352
Professes	23,552
Religieuses novices	1,005
Dames régulières cloîtrées.	778
Demoiselles régulières cloîtrées. . .	638
Sœurs servantes.	4,495
Religieuses converses.	425
Domestiques	1,603

Béates	1,130

RELIGION DE SAINT-JEAN DE JÉRUSALEM.

9 dignités avec la rente annuelle de	1,669,452
112 commanderies qui valaient par an.	2,203,120
12 couvents.	129
4 prieurés avec.	10,290

ORDRE DE SANTIAGO.

3 dignités avec.	158,177
87 commanderies avec.	6,117,895
11 couvents et 2 prieurés.	

ORDRE DE CALATRAVA.

5 dignités avec.	339,015
56 commanderies avec.	2,146,322
13 prieurés avec.	58,010
5 couvents.	

ORDRE D'ALCANTARA.

5 dignités	149,369
37 commanderies	1,212,177
2 prieurés.	5,238
4 couvents.	

ORDRE DE MONTESA.

5 dignités	6,000
13 commanderies	101,962
2 couvents et 2 prieurés.	

Il sortait en outre pour Rome des sommes énormes, pour le motif des délégations, des exemptions, règles de chancellerie, plaidoyers des causes, admission des appels, obligation des jugements, impositions de tributs, annates, espaces de cinq ans, honoraires, communautés, minutes, services, dépouilles, vacances, tercias, dîmes, contributions honnêtes, secours chrétiens, bancaries, cassations, fabriques de Saint-Pierre componendas, réductions, retours, expectatives, mandats de prébende, coadjutories, pensions, anoblissements, droits de bénir, salaires, angaries, procurations, équivalents, commanderies de monastères, administrations d'évêques, sécularisations, unions, consécrations, démembrements, dispenses, résignations *in favorem*, vacacions *in curia*, affections, subsides, rentes ecclésiastiques, grâces, impôts de consommation, etc., etc.

Considérons donc Charles IV, au milieu des Bénédictins, Bernardins, Chartreux, Hiéronymites, Basiliens, Paulistes, Chanoines Augustins, du Saint-Sépulcre, Prémontrés; des Dominicains, Franciscains, Franciscains mineurs, Franciscains du tiers ordre, Franciscains déchaussés; des Capucins, Augustins, Augustins déchaussés, des Carmélites, des Carmélites déchaussés, des Mercenaires, des Mercenaires déchaussés, des Serfs de Marie, des Minimes, des Saint-Jean de Dieu; des Saint-Jean du Saint-Esprit, *idem* de Saint-Antoine Abbé, *idem* de Saint-Georges d'Alga, des Théatins, Congréganistes de l'Oratoire, Clercs mineurs, Ministres infirmiers, des Esculapiens, des Missionnaires, *idem* des RR. PP. de la Mission de Sainte-Brigitte, de la Compagnie de Marie, et préparons-nous à étudier l'époque de son règne, sans laisser tomber sur les faibles épaules de ce roi d'aussi grandes responsabilités, et qui dataient de longtemps avant lui.

CHAPITRE VII.

CHARLES IV. FERDINAND VII.

C'est un défaut très-ordinaire parmi les historiens qui s'occupent des affaires d'Espagne de commencer le règne de Charles IV en consignant que la nation se trouvait dans une grande prospérité au moment où ce monarque monta sur le trône; ils racontent ensuite, un à un, les malheurs de son temps et ils épuisent le dictionnaire des déboires et des scandales pour assaisonner, selon les différents goûts et opinions de celui qui écrit les phrases et les noms de « Révolution française, Louis XVI, Marie-Louise, Godoy, Napoléon, Florida Blanca, Bâle, île de Saint-Domingue, Angleterre, Portugal, Prince Ferdinand, procès de l'Escurial et Trafalgar. »

Mais nous qui avons mentionné les améliorations introduites par Charles III et applaudi à son initiative et à son esprit de réformes rationnelles, nous ne pouvons, néanmoins, convenir que la situation de l'Espagne fût en réalité aussi riante que le prétendent quelques historiens, éblouis sans doute par les dehors des choses, et nous croyons qu'il suffit, pour démontrer la vérité de notre assertion, de déduire les conséquences des données que nous avons entassées dans notre chapitre précédent, intitulé *circonstances* atténuantes. Quant au jugement que les personnages responsables du règne de son successeur nous paraissent mériter, nous pourrions le résumer en affirmant simplement que nous n'avons pas eu de pilote capable de diriger le vaisseau de l'État dans la tempête qui ébranla alors l'Europe : mais en établissant du même coup que la bourrasque fut assez terrible pour jeter à la côte les marins les plus expérimentés dans les golfes orageux de la politique.

Les événements dont nous parlons sont d'hier, il n'y a personne qui ne les connaisse, et la plupart dans leurs détails les plus minutieux; des témoins oculaires nous en rendent encore raison, et ils sont trop près de nous pour que nous ne puissions pas en parler sans avoir besoin de nous embarrasser d'une narration prolixe.

Charles IV uni par les liens du sang à l'infortuné Louis XVI, outre les liens que l'intérêt du monarque établissait entre ce roi dépouillé par la Révolution, d'abord du sceptre, ensuite de la vie, qu'y a-t-il d'extraordinaire qu'il ait intercédé en sa faveur quand il était encore temps, et qu'après que le couteau de l'échafaud eut rogné cette tête royale, il ait songé à la venger, en rendant le combat à une révolution qui menaçait tous les trônes de l'Europe?

Le contraire aurait été extraordinaire, et la

charge que l'on a formulée avec insistance pour la guerre de 1793 à 1795 (la France nous devança pour nous la déclarer), en faisant remonter l'odieux à Godoy, est d'autant plus injuste que l'esprit public d'Espagne, arrivé à son plus haut degré de servilisme et (qu'on nous permette l'expression), d'émapucinade, était ennemi de la révolution française et prouva que cette guerre était populaire, devançant les dires du gouvernement par des dons extraordinaires, de manière que Godoy, en l'entreprenant après avoir suivi une route tant critiquée, put s'écrier avec vérité : *Que la volonté nationale s'accomplisse !*

Nous ne dirons rien au sujet de l'élévation du garde du corps au rang de duc de la Alcudia, grand d'Espagne, capitaine général des armées, amiral et prince de la Paix, car nous sommes indécis entre la voix publique et les Mémoires de l'intéressé qui lui donnent une explication honorable. Cette particularité n'a pas d'autre intérêt que de prouver les excès du favoritisme en étonnant le monde par un exemple majuscule.

A force de traités et d'alliances, victime des Français et des Anglais, perdant son territoire avec les uns, et avec les autres ses escadres, traversant des séditions intérieures comme celle qui produisit la chute du favori, et par des crimes royaux qui arrivèrent au point que le ministère d'un fiscal réclama la peine de mort contre le prince héréditaire, les jours de ce règne s'écoulèrent dans l'agitation, et il finit par l'abdication de Charles IV, qui plaça sa couronne sur le front de Ferdinand, le 19 mars 1808, quand les troupes françaises étaient déjà maîtresses de nos places fortes de la Péninsule, qu'elles avaient occupées au cri de l'amitié, sous prétexte de passer en Portugal.

Les dispositions les plus importantes qui furent dictées dans cette période de vingt ans par rapport au service de la justice militaire, furent les ordonnances générales de l'Armada du 8 mars 1793, les ordonnances de l'artillerie du 22 juillet 1802, les ordonnances de S. M. pour le régime et le gouvernement des matricules des gens de mer du 12 août de la même année; les ordonnances du génie du 11 juillet 1803, et l'établissement du Conseil de guerre extraordinaire pour juger les personnes de la troupe graduées d'officier, qui fut crée par décret royal du 18 avril 1799.

On établit en outre le tribunal de la direction

générale de la marine (28 novembre 1803); on augmenta le Code pénal de l'armée avec diverses dispositions sur la désertion, l'ivresse, le vol dans les arsenaux, l'abandon de la garde, la malversation, le viol, le retranchement indu de rations, les congés absolus donnés à prix d'argent et pour livraison volontaire des dépêches royales; sur l'assistance, les prééminences et le rang dans les conseils de guerre, pour que le fiscal n'assiste pas à l'exécution ; que dans une même cause le père et le fils ne peuvent être président et défenseur (24 janvier 1769), ni deux frères vocals non plus que celui qui serait frère du fiscal (20 août 1789); que l'on applique l'ordonnance pour la formation et le soutien des procès dans les troupes de mer (2 septembre 1794) ; mais par disposition transitoire, vu les cas de guerre, qu'en cas de dissentiment du capitaine général, ils fussent assujétis à un conseil de révision composé de l'auditeur et de deux ou trois oïdors de l'audience, selon la peine (15 juillet 1806), qu'on ne fît de procès à un officier que dans des cas graves (25 avril 1789), que quand on renvoie un officier du service, on publie la providence, pour l'exemple, et de même quand on lui applique une peine grave (30 décembre 1799); différents ordres royaux sur les tribunaux particuliers, les aforés de la guerre et de la marine, etc., et nous mentionnerons en dernier lieu l'ordonnance du 30 mars 1802, qu'on édicta pour uniformiser le mode d'appliquer les dispositions qui assujétissaient à la juridiction militaire *les délits scandaleux que commettaient de toutes parts la multitude des malfaiteurs, criminels et contrebandiers qui infestaient lesprovinces avec leurs brigandages et leurs atrocités,* comme le dit à la lettre l'ordre royal cité, dont nous avons copié et souligné les paroles pour bien fixer le sens, l'occasion et l'objet d'une mesure, qui, dénaturée plus tard, devait servir de base à l'érection de la série de tribunaux et de procédés d'un ordre spécial qui commence avec les commissions militaires exécutives et permanentes de Ferdinand VII, dans sa froide période d'absolutisme, et Dieu sait quand elle arrivera à son dernier terme.

CHAPITRE VIII.

FERDINAND VII.

Élevé sur le trône le 24 mars 1808, le prince

Ferdinand fut, le 20 avril de la même année, victime d'une première supercherie en faisant retomber sur Savary la responsabilité du passage de la Bidassoa.

Mais Ferdinand VII, avec une louable prévoyance, et comme s'il présumait qu'il allait être trompé et de quelle façon, avant de sortir de la capitale, y laissa installée une junte de gouvernement présidée par le célèbre enfant D. Antoine qui parvint à obtenir l'immortalité à peu de frais, Grâce au document suivant : *Au senor Gil. Je porte à la connaissance de la junte pour sa gouverne en partant pour Bayonne de l'ordre du roi, et je dis à ladite junte qu'elle continue à agir dans les mêmes termes que si j'étais avec elle, Dieu nous la donne bonne! Adieu, messieurs, jusqu'à la vallée de Josaphat. - Antonio Pascual.*

Orpheline de son prince régnant et de toute la famille royale, la nation n'eut qu'à pourvoir à son gouvernement et à sa sûreté, envahie comme elle l'était par les armées françaises, et elle parvint aux deux objets par l'effort suprême que l'admiration universelle a consignée dans les annales de l'héroïsme; effort qui ne sera certainement pas estimé à sa juste valeur, tant que les temps en s'écoulant n'auront pas éloigné les évènements, et que la grande figure de l'Espagne d'alors pourra se détacher dans toute sa majesté et sur le fond obscur du passé, comme une grande matrone dont les seins blancs sont ouverts aux coups furieux de l'acier ennemi pendant qu'elle s'occupe à défendre son indépendance et à lever en même temps l'Alcazar, le symbole et le berceau des futures libertés de ses enfants, en évoquant les souvenirs sacrés des institutions vénérables, enfoncés dans l'abîme des siècles qui ont entraîné avec elles les gloires de la patrie; gloires qui avaient atteint leur apogée à la fin de la reconquête, et qui n'ont pas cessé de pâlir depuis l'avènement de la dynastie autrichienne, comme l'histoire l'a consigné parmi les savants, et la tradition parmi les masses.

C'est ainsi que s'explique la vivacité de l'enthousiasme de l'instinct populaire en entendant les cris de guerre qui appelaient les Espagnols à combattre en Afrique, biffant de leur mémoire trois siècles entiers, qu'on acclama le nom et qu'on promènerait la bannière de Jimenès de Cisneros pour solenniser les gloires du comte de Lucena, quand il conquit son nouveau blason de duc de Tetuan.

De la même manière et par un instinct pareil, les législateurs de Cadix s'inspirèrent non pas tant (comme on a voulu le donner à entendre) des doctrines de la révolution française que de l'impérissable souvenir des antiques et libres constitutions de la Castille, de l'Aragon et de la Navarre.

Les peuples avec une science innée. qui paraît avoir quelque chose de divin, car elle est supérieure au raisonnement et au calcul, rattachent toujours à la dernière de leurs gloires passées la première de leurs glorieuses espérances.

Les Cortès générales et extraordinaires assemblées, on promulgua à Cadix, le 19 mars 1812, leur œuvre mémorable, la première des constitutions de la monarchie espagnole dont nous ne sommes pas appelé à faire l'examen dans ces études, non plus que des évènements qui la suivirent; laissant cette tâche à des écrivains qui s'occupent dans toute son étendue, et sous d'autres aspects que nous, d'une époque trop récente, qu'on peut dire n'être pas encore entrée complètement dans le domaine de l'historien calme et impartial.

Il nous suffira, pour l'objet que nous nous proposons, de signaler rapidement que, libre de sa captivité et affermi sur son trône, le monarque désiré annula d'un seul coup toutes les conquêtes faites par les Cortès en matière de législation, l'Espagne s'étant couchée en 1814 et se réveillant (en cas que réveil soit le mot propre) en 1865. — Mais ne précipitons pas les évènements : la méthode que nous avons adoptée nous appelle à passer la revue des principales mesures relatives à la justice et spécialement à la justice militaire, depuis la première élévation de Ferdinand sur le trône après une mutinerie populaire, en vertu de l'abdication de son frère et du voyage de tous deux en France, — jusqu'au moment où il vint l'occuper de fait, la gloire ou le démérite de cette période revenant à l'Espagne et appartenant en fait aux illustres patriciens qui gouvernèrent et suppléèrent par leur prestige à l'autorité royale.

— Les principes de la réforme des institutions générales du royaume exigeaient, comme nous l'avons dit, la séparation, l'abornement et l'indépendance des pouvoirs : et il s'agissait naturellement d'appliquer cette théorie au conseil *su-*

prême de la guerre qui devait suivre le sort des autres conseils : mais on ne put moins faire que d'être arrêté par des difficultés sérieuses, filles de la nature particulière de ce corps élevé, lié comme il l'était aux ordonnances générales de l'armée, produit dans sa dernière assiette et organisation du même système et datant de la même époque où celles-ci avaient été promulguées.

Les modifications à introduire exigeaient impérieusement et inévitablement la réforme essentielle des ordonnances précitées ; et comme ce n'était pas une entreprise opportune au moment où la guerre de l'Indépendance était dans toute sa force, car on sait qu'une innovation radicale non préparée déplaît aux armées ; c'est pour cela que ces illustres législateurs, au lieu de contredire leurs propres principes, ajournèrent la résolution définitive et complète de cette affaire, commme ils le manifestèrent explicitement dans le décret du 3 juin 1812 qui commence ainsi : Don Ferdinand VII, par la grâce de Dieu et la constitution de la monarchie espagnole, roi des Espagnes, et en son absence et captivité la Régence du royaume nommée par les Cortès générales et extraordinaires, à tous ceux qui les présentent, verront et entendront, sachez : que les Cortès ont décrété ce qui suit : — *Les Cortès générales et extraordinaires considérant combien il convient que les affaires contentieuses appartenant au fuero militaire, qui n'est pas abrogé par la constitution, continueront pour le moment à se déterminer en justice par les règles et lois qui gouvernent ce service tant que subsistera l'ordonnance du général de l'armée et de la flotte, et jusqu'à ce que les Cortès aient fait dans des circonstances plus propices, les changements qu'elles sauront convenir au plus grand bien de l'État ; et se fondant sur l'article* 278 *de la constitution, elles ont décrété et décrètent, etc. ;* » par où l'on voit en toute évidence exprimée la pensée d'une réforme aussi naturelle pour l'avenir, et l'impossibilité de l'exécuter pour le moment.

Dans ce décret on changea le nom de l'institution en dénommant l'antique conseil *Tribunal spécial de guerre et marine*, et lui confiant la connaissance de toutes les causes et affaires contentieuses du fuero militaire, qui avaient été jusque-là de son ressort, *jusqu'à ce que les cortès pourvussent à ce qu'il y aurait de plus convenable sous ce rapport*, les chefs des services de l'armée devaient lui remettre directement les procès-verbaux et les dossiers dans les cas établis pour la résolution ou la consulte qui devait marcher conformément à l'ordonnance.

Quant aux autres procès ou causes des individus du fuero sur les affaires civiles ou délits communs qui n'avaient pas de rapport avec le service militaire, ils devaient aller en appel devant ledit tribunal, et afin de ne priver personne des bénéfices de la première instance, établie dans l'article 285 de la constitution, le tribunal devait l'admettre dans les mêmes cas et la forme même observée dans les audiences, selon l'organisation qui leur serait donnée par les cortès ; mesure qui a été l'objet de censures sévères à l'excès, à cause de l'anomalie apparente d'invoquer des dispositions qui n'étaient pas encore prises ; mais que l'on doit excuser en considérant que les projets sur chaque chose se faisaient à la fois, et qu'ils devaient se suivre avec très-peu d'intervalle selon la pensée de leurs auteurs. Quant à l'ordre de procéder dans les affaires d'outre-mer, le système antérieur continua à exister. Le tribunal était composé d'un doyen, officier général de l'armée ou de la marine ; de quatre ministres d'assistance continuelle dont deux généraux de terre et les deux autres de mer ; de deux intendants, un de chaque service ; de sept hommes de lettres; deux fiscals, un militaire et un lettré, et un secrétaire qui aurait précisément servi dans la milice. On décréta l'immobilité des individus de ce tribunal dans les mêmes termes que celle des autres magistrats de la nation, et ils furent nommés par la régence du royaume, sur la proposition de trois candidats pour un emploi, faite par le conseil d'État, ainsi que l'avait prévu la constitution.

Cette réforme avait assez de défauts inévitables en appliquant les providences édictées pour les audiences à une corporation de nature entièrement distincte : mais réfléchissons qu'un seul pas plus en avant aurait suffi pour faire disparaître les contradictions, puisqu'elles se présentèrent en ce qui touchait la juridiction ordinaire de la guerre et les jugements de prises. Qu'on ramène le fuero militaire simplement à ce qui doit le composer et les principales difficultés auraient disparu. Cette idée sans doute simple dès lors et qui nous vient en le jugeant convenable, en notre qualité de militaire, était alors trop hardie et peut-être dangereuse, parce qu'une pareille nouveauté aurait pu dégoûter ceux qui se trouvaient les armes à la main accoutumés à s'enorgueillir de prééminences et de priviléges qui avaient jusqu'à cette époque offert des avantages positifs, et qui, une fois le régime absolu disparu, sont d'une utilité très-douteuse quand elle n'est pas négative.

Quoique ce soit incidemment que nous nous occupons du fuero militaire et de son étendue, en nous déclarant partisan de sa réduction à de justes limites, comme cette opinion peut, à première vue, paraître hostile à l'armée, tandis qu'elle serait un bienfait pour elle, nous voulons consigner en passant quelques raisons relatives à quelques-uns des priviléges dudit fuero, par exemple celui de tester, sans certaines formalités.

Est-ce bien là, en vérité, une prééminence, ou un préjudice évident? Pour quel objet la loi a-t-elle ordonné des solennités et des formalités? Aurait-ce été par hasard pour incommoder le testateur par des exigences inutiles, ou plutôt n'aurait-elle pas conspiré pour garantir la vérité de sa volonté, en mettant des entraves à la malignité étrangère? La réponse est fort simple, il ne peut venir à l'idée de personne que le premier soit un étourdi, et la seconde hypothèse admise, comme elle ne peut manquer de l'être, ce que nous obtenons nous autres militaires, avec les facultés du fuero dans certains cas, c'est que notre dernière volonté demeure sans défense en faveur de ceux qui sont intéressés à la défigurer; c'est nous priver d'une garantie réelle, en nous concédant une apparence de droit avantageux, de privilége utile.

Nous pourrions présenter des raisons analogues en examinant d'autres prérogatives ; mais la digression nous mènerait trop loin, il suffit de ce que nous avons indiqué pour démontrer ce qu'il y a de fondé dans notre proposition en général et l'erreur de la préoccupation de ceux de nos estimables compagnons d'armes qui par tradition, coutume, ou un faux amour-propre, prennent l'alarme à l'idée qu'on va réduire le fuero *dont ils ont la jouissance ;* ce à quoi contribue pour beaucoup l'acception trompeuse du mot que nous avons souligné et qu'on pourrait avantageusement remplacer en mettant : le fuero *dônt ils pâtissent.*

La constitution de 1812 dispose qu'aucun Espagnol ne peut être mis en prison sans une information sommaire préalable du fait pour celui qui mérite, d'après la loi, d'être châtié d'une peine corporelle et aussi avec un mandat judiciaire par écrit, qu'on lui notifiera dans l'acte même de la prise; excepté celui qui est arrêté en flagrant délit et que tout le monde peut conduire en présence du juge, une fois présenté ou mis sous bonne garde, on procède selon qu'il est prescrit : la déclaration de celui qui est arrêté se fera sans serment, qu'il ne faut exiger de personne sur un fait personnel; dans les matières criminelles, on devra prendre la déclaration de l'arrêté dans les vingt-quatre heures et on devra faire connaître dans le même délai péremptoire à celui qui est traité comme accusé, la cause de son emprisonnement et le nom de son accusateur, s'il y en a un : on prend des mesures pour assurer l'exécution du mandat et exiger la responsabilité criminelle des fonctionnaires qui manqueraient à ces dispositions, abolissant la torture, les violences et la confiscation des biens, le prisonnier sujet à une procédure criminelle devant être mis en liberté quel que soit l'état de la cause, donnant caution dès qu'il paraît d'après les actes qu'on ne peut lui imposer de peines corporelles ; elle ordonne qu'on dispose les prisons de manière à s'assurer des prisonniers sans les molester, prohibant absolument les cachots souterrains et malsains (où ne devaient pas tarder à se voir précipiter les législateurs eux-mêmes qui avaient voulu effacer cette torture du milieu de celles qui affligent la misère humaine). Elle proclame la publicité des procès; que les peines ne s'étendent pas aux familles, mais qu'elles retombent seulement sur le délinquant; qu'on ne viole la maison d'aucun Espagnol hors des cas déterminés par les lois; et enfin, elle réserve aux cortès le droit de décréter la suspension de quelques formalités prescrites pour l'arrestation des délinquants, dans des circonstances extraordinaires, si la sécurité de l'État l'exigeait ainsi.

CHAPITRE IX.

Enfin, comme démonstration des grandes améliorations introduites en Espagne dans l'administration de la justice pendant que la nation était livrée à elle-même, nous citerons, outre les dispositions indiquées, l'abolition des juridictions seigneuriales, les décrets des Cortès du 3 juin et du 9 octobre 1812, faisant connaître les conditions que doivent réunir les individus qui se destinent à la judicature, sous le rapport de la loyauté, du désintéressement et de la moralité; celles où on commandait à tous les supérieurs ecclésiastiques réguliers et séculiers de faire la visite des prisons toutes les semaines et à des jours déterminés; celles où l'on réglementait les audiences territoriales, en les établissant, non-seulement dans la Péninsule et les îles adjacentes, mais encore outre mer; de déclarer la religion de l'Etat protégée par les lois, conformément à la Constitution, *pour abolir, comme conséquence immédiate,* l'odieux tribunal de l'Inquisition, ce monstre sanglant avorté par le fanatisme, selon les uns; par un excès de zèle religieux selon les autres; par une pensée de prudence politique d'après quelques-uns; monstre qui est parvenu à étreindre la monarchie comme un serpent gigantesque l'arbre sur lequel il s'enroule, à partir du premier déclin de la période la plus glorieuse et la plus prospère de l'histoire d'Espagne, jusqu'à la plus dégradée et la plus misérable de nos annales, ne contribuant pas peu, par la pression titanique de ses anneaux empoisonnés et dégoûtants, à l'avilissement du noble caractère national, réprimé dans des siècles de théocratie et de despotisme.

On rétablit les facultés des évêques et de leurs vicaires pour connaître dans les causes de foi, et celles des juges séculiers pour déclarer et imposer aux hérétiques les peines de la loi ; on déclara le 9 décembre 1810 qu'aucune personne, quelque privilégiée qu'elle fût, ne pouvait s'excuser de faire sa déclaration dans les causes de mécréance, quand elle était citée par le juge, et sans qu'il fût nécessaire d'un ordre ou autre avis de ses chefs (grand pas fait dans le chemin de l'égalité devant la loi, où nous sommes fort avancés quoiqu'il nous reste encore du chemin à faire); on édita, le 11 mai 1811, des règles pour éviter les emprisonnements prolongés des accusés; par décret des Cortès du 11 novembre de la même année, on rendit effective la responsabilité de tous les fonctionnaires publics, civils et militaires qui manqueraient à leur devoir; on exhorta les tribunaux par un décret de la régence du 30 janvier 1813 pour les inviter à remettre au ministère correspondant les renseignements sur l'Etat de la justice; le décret des Cortès du 24 mars 1813 exigea, non-seulement la responsabilité de tous les juges et magistrats dans l'accomplissement de leurs fonctions; mais il signala et détermina les peines de l'ineptie et de la connivence, en en remettant la connaissance au Tribunal suprême de Justice; le décret du 17 juillet de la même année déclara inadmissible le recours de nullité dans les affaires criminelles; on fit un édit le 19 avril sur les compétences, etc., et nous ne devons pas passer sous silence, parmi les mesures relatives à l'administration de la justice, celle du 19 mai 1810, qui se rapporte spécialement au service militaire et en vertu de laquelle le conseil de régence disposa que tous les procès militaires, une fois terminés, seraient revus et examinés par les auditeurs et assesseurs respectifs dans le terme de vingt-quatre heures, pendant lequel ils devraient manifester par écrit ce qu'ils jugeraient comme circonstance indispensable.

Le traité du 11 décembre 1813, ayant été conclu entre Ferdinand VII et Napoléon Ier, et le moment de le remplir approchant, les Cortès expédièrent le 3 février 1814, un décret remarquable, et ils y disaient que, désirant dans cette crise européenne donner un témoignage public et solennel de persévérance inaltérable contre les ennemis, de franchise et de bonne foi aux alliés, et d'amour et de confiance à cette nation héroïque, comme également prévenir les ruses et les machinations de ceux qui tenteraient par un coup de main d'annuler les sacrifices faits, on observât certaines précautions pour l'entrée du roi en Espagne, reconnaissant que Ferdinand n'était pas libre et ne devrait pas être obéi tant qu'il n'aurait pas prêté serment à la Constitution dans le sein du Congrès national.

Cette déclaration des Cortès dut déplaire au monarque... et ce zèle exquis, cette crainte prévoyante et cette excessive sollicitude pour le défendre, nous ne savons si c'est des autres ou de lui-même, en cas qu'il lui vînt à l'esprit l'idée de mettre en pièces ceux qui avaient été les instruments de sa propre liberté. On connaît que les législateurs commencèrent aussi à ne pas les garder toutes avec eux, puisqu'ils prodiguèrent les explications, les manifestations et les démonstrations, sous prétexte d'instruire la nation (comme si elle ne l'eût pas été à satiété), de la violence commise sur l'innocente personne de notre monarque captif, de l'insidieuse et cruelle politique de Bonaparte, et *de la justice* et *de la nécessité* *, auxquelles le congrès avait pourvu par le décret du 2 février.

Peine perdue.

* Paroles d'une Commission des Cortès.

Déjà le roi avait décidé d'enrichir les données historiques de son époque du décret du 4 mai 1814 (digne compagnon de la fièvre jaune, qui ravageait alors la Péninsule), dans lequel, après s'être qualifié à son goût, Ferdinand *le Désiré*, racontant les illégalités et attentats commis par ses sujets (selon lui déloyaux), qui lui avaient conservé son trône abandonné, il déclara publiquement, sans ambage ni détour, que sa royale intention était, *non-seulement de ne pas accorder ou prêter serment à ladite Constitution, ni à aucun décret des Cortès générales et extraordinaires, non plus que des ordinaires, c'est-à-dire, à celles qui abaisseraient les droits et prérogatives de la couronne* (ici entraient en abondance toutes les réformes énumérées), *établies par la Constitution* (laquelle?) *et les lois sous lesquelles la nation avait vécu pendant longtemps* (depuis Charles Ier et Philippe II, ou depuis Philippe V ?), *mais au contraire déclarer cette Constitution et ces décrets nuls et de nulle valeur ou effet, à présent ou en aucun temps, comme si de pareils actes n'avaient jamais eu lieu et qu'on les enlevât du milieu du temps*, et sans obligation pour les peuples et sujets, de quelque classe ou condition qu'ils fussent, de les maintenir ou de les garder ; déclarant à l'avance, coupables de lèse majesté, et imposant la peine de mort contre quiconque pousserait, exciterait ou exhorterait à les accomplir, par actes, paroles ou écrits ; et si je ne dis pas, *pensées,* dans l'application qu'on fit de ce décret on n'admit pas cette expression, comme une foule de témoins encore vivants pourraient l'attester.

C'est seulement en remontant à l'irruption des barbares que nous pouvons rencontrer dans l'histoire de notre patrie quelque chose qui puisse se comparer à une pareille disposition, et déjà en traitant de cette époque dans un des premiers chapitres, nous avons dit que quelques lois romaines, plus fortes par leur sagesse que les dominateurs par leurs violences, avaient résisté et vaincu. La même chose arriva aux lois des constitutionnels, en dépit du décret sévère qui condamnait, non-seulement à la disparution, mais encore *à la peine de ne pas avoir existé* (aveuglement et impuissance risibles de l'orgueil humain), les conquêtes légitimes de la civilisation.

Dans la même ordonnance, malgré sa rigueur, il fallut payer tribut à la théorie des faits accomplis, puisque la nécessité de ne pas jeter de perturbations dans l'administration de la justice dans toute l'Espagne, fit conserver les tribunaux établis, le roi donnant issue à son animosité par la simple menace d'en finir plus tard avec leur existence.

Faisant un effort sur nous-même, nous renonçons à suivre le sentier où nous nous laissons glisser insensiblement, attiré par la force irrésistible qui se produit en racontant les événements, qui se rapprochent d'aujourd'hui ; d'autre part, notre travail s'est trop augmenté sous la plume pour ce que nous nous étions proposés, et ce que nous pouvons faire pendant le peu de temps dont nous pouvons disposer ; et ainsi, ne voulant pas nous engolfer dans des mers orageuses, et terminer brièvement ce léger exposé, nous supprimerons, dans le reste de notre écrit, le récit historique ; nous condenserons davantage et nous ne laisserons que des dates assez éloquentes par elles seules, parler en notre nom, nous bornant seulement à donner une idée des tribunaux militaires non consignés dans l'ordonnance et des états de siège, et terminant le résumé historique que nous venons de faire du corps élevé qui exerce, comme unique dépositaire du pouvoir royal, la juridiction suprême de la milice.

Avec un objet purement politique et un caractère transitoire, selon que l'exprime le dernier de ses articles, on publia l'ordre royal du 13 janvier 1824, créant dans les capitales de provinces *des commissions militaires exécutives et permanentes;* il était composé d'un brigadier-président, de six vocals de la classe d'officiers supérieurs, et d'un assesseur qui devait examiner les affaires pour voir si elles étaient en état d'être appelées, ou s'il leur manquait quelque chose requise de celles que la même disposition établissait pour les soutenir; le capitaine général, avec l'avis de son auditeur, faisait exécuter la sentence, si ces magistrats l'avaient considérée comme régulière; et, dans le cas contraire, le même capitaine général nommait un conseil de révision composé de trois ministres de l'audience, pour procéder à la résolution du cas, ou en consulter avec le Conseil suprême de la guerre.

Ces commissions cessèrent d'exister par la cédule royale du 4 août 1825, et il fut consigné peu de temps après leur établissement, que « déjà le « conseil royal avait exposé leur défaut d'harmonie avec le système de notre législation, et « que dernièrement, il avait aussi représenté que

« la précipitation, l'échauffement, la séduction ou « l'ignorance avec laquelle quelques-uns pour- « raient éclater en expressions appelées *subversives*, « et qui n'avaient pas été bien définies jusque-là, « exigeait la mesure et la réflexion prudente des « tribunaux royaux, pour que, leur donnant leur « véritable valeur avec ses lumières et son expé- « rience, on ne les confondît pas, et on ne châtiât « pas de la même façon les égarements de la sé- « duction et de l'imprudence, que les démonstra- « tions de l'adhésion la plus obstinée aux maximes « du système aboli. »

CHAPITRE X.

« Les fêtes d'obligation passent avant celles de dévotion ; » et ce proverbe vulgaire qui, comme tous les proverbes, renferme une maxime respectable, devra me servir d'excuse, dans la présente occasion, avec la rédaction et les lecteurs habituels de la Asamblea, puisqu'en supposant que j'aie contracté l'engagement de terminer ces études en règle, par le simple fait que je les ai commencées, je me vois pour le moment dans l'impossibilité de les mener à terme.

Je faisais ce travail dans mes courts moments de loisir quand j'en avais; aujourd'hui des circonstances spéciales et sacrées comme le devoir m'obligent à dévouer à la pratique ce que j'accordais auparavant à la théorie, sans me laisser le temps absolument indispensable pour développer ma pensée sous la forme qu'exige une publication de cette nature et de cette importance; je me hâte donc, sans m'arrêter à apprécier les conseils de guerre verbaux, fils de la même pensée qui a dicté la loi, qui est à présent la deuxième du titre XVI, livre XI, de la *Novisima Recopilacion*, ordonnant de s'écarter des formalités du droit quand la vérité est prouvée; loi antérieure de quatre siècles à l'ordonnance et dont l'esprit, à travers les temps, a reparu le 22 octobre 1837, à Quintanar de la Sierra, inspirant au général en chef de l'armée du Nord les châtiments terribles, quoique nécessaires, de Miranda sur Ebre et de Pampelune, restituant aux jugements leur simplicité parfaite de procédés militaires; simplicité perdue par les formalismes procéduriers qu'y a introduits l'invasion de la robe, changeant leur caractère au point qu'il est déjà absolument impossible dans aucun cas, si l'on ne s'écarte pas des formalités actuelles, de faire ce qui a été prévu par l'art. 12, tit. V, traité 8 de l'ordonnance qui nous régit. Je passerai sous silence les conseils de guerre *de circonstance*, comprenant sous cette qualification les conseils permanents, aussi bien que les conseils accidentels qui tirent leur origine en droite ligne de ceux du 22 août 1814. Je ne m'occuperai pas non plus, quoique le sujet mérite d'être traité avec attention et respect, de la fin promise du résumé historique du tribunal suprême de la milice espagnole de mer et de terre : mais quoique je renonce, obligé par les circonstances particulières du moment, à des aiguillons si nombreux et si savoureux, comme preuve de mon bon désir, d'ébaucher au moins une des affaires pendantes, en traçant à grands traits dans cet article l'abrégé des états de siège dans notre patrie, parce que c'est un sujet palpitant d'intérêt, une actualité qui n'est pas sans danger, et qui rentre sans doute parfaitement dans le cercle étroit de ce journal.

J'ai dit au chapitre 8 et dernier de ceux que j'ai publiés, que, par ordre royal du 13 janvier 1824, on créa dans les capitales de provinces des commissions militaires exécutives et permanentes, sur la composition et les attributions desquelles j'ai indiqué assez de points pour faire comprendre leur esprit et leur tendance. J'ai dit aussi comment elles furent supprimées par la cédule royale du 4 août 1825 ; frappées d'anathème jusque par les partisans décédés d'un système politique, dont les pseudo-tribunaux furent l'instrument odieux, quoiqu'efficace, de toute espèce de vexations et d'atrocités ; cela n'empêcha pas notre bon roi Ferdinand VII de revenir créer par le décret royal du 18 mars 1831, à Madrid, et dans les provinces qui en auraient besoin, selon le jugement des capitaines généraux respectifs, d'autres commissions, composées d'un maréchal de camp ou brigadier président ; de six vocals de la classe des colonels ou lieutenants colonels, et d'un assesseur lettré, qui devait être un des ministres de l'audience du territoire, et dont la mission, ressemblant entièrement à celle qui avait été dévolue aux commissions de l'année 1824, était de poursuivre les hommes à idées libérales, aspirant à couvrir d'une apparence de formes légales l'arbitraire, la vengeance et l'animosité.

Arriva l'année 1834, et par ordre royal du 29 juillet, on éteignit ces nouvelles commissions, mais alors les gouvernements commencèrent à prendre goût à la phraséologie de commissions militaires, de conseils de guerre permanents, etc., goût qui a été savouré, comme nous le verrons ensuite, par les hommes de toute nuance, et il ne s'était pas écoulé un mois quand, par ordre royal du 7 août, on autorisa les capitaines généraux à rétablir la machine, si les circonstances conseillaient d'apprêter les menottes.

Sans doute, jusqu'à présent, nous n'avons pas vu une seule fois paraître dans les dispositions émanées du trône l'expression *état de siège*, et elle n'existe pas dans notre législation militaire, sinon avec une date très-moderne ; ce qu'il y a de plus curieux, c'est qu'en édictant certains arrêtés pour la déclarer, on ait mis en tête dans le temps la phrase *usant des facultés que me concède l'ordonnance*, etc., ce qui est tout simplement un faux témoignage de l'ordonnance invoquée, comme je m'arrêterais à le prouver jusqu'à l'évidence, si je n'écrivais pas au courant de la plume et en m'adressant à certains lecteurs éclairés qui savent notre code par cœur et n'y auront rien trouvé qui se rapporte aux états de siège ; ni comment le trouver? L'état de siège dont nous parlons n'est-il pas une suspension plus ou moins latente des droits reconnus par la Constitution. Y avait-il une Constitution ? L'Espagne était-elle constitutionnelle quand on a promulgué l'ordonnance ? Alors donc, à quoi bon appeler en témoignage notre respectable code, et le rendre absurde et odieux inutilement ? L'état d'une place assiégée a-t-il quelque chose à voir avec ce que nous entendons par état de siège ? Cette hypothèse adoptée, quelles sont les fonctions politiques, administratives ou judiciaires, prescrites par les ordonnances au gouverneur ou ou commandant d'une place assiégée ?

Il n'est pas facile pour personne de répondre à cette demande, en apparence si simple pour ceux qui ignorent notre droit militaire, et ils sont nombreux, beaucoup plus nombreux que ceux qui pourraient l'être sans grave responsabilité, par leur position et les circonstances.

L'ordonnance ne signale pas de pareilles fonctions.

Dans certains cas, cette désignation amènerait mille difficultés avec elle : le gouverneur *répond de tout* et par conséquent *il commande à tout* dans une crise suprême.

C'est ainsi que nous trouvons seulement relativement à une place assiégée, ou pouvant s'y rapporter, l'art. 2, titre VII, traité VIII, le commandement que le gouverneur se défende autant que le permettent ses forces en proportion de celles de l'ennemi ; l'art. 14, des fonctions du sergent-major d'une place sur la relève des gardes, où on donne au gouverneur la faculté de varier l'heure en cas de siège ou de danger ; l'art 56, de l'obligation du caporal, ordonnant de bander les yeux au tambour ou trompette qui arrive du côté de l'ennemi, et enfin, diverses règles pour l'armée assiégeante, le service de tranchée, etc., en sept articles d'ordres généraux pour les officiers.

Pas un mot de plus !

Mais il n'y a qu'à s'affliger ; si les partisans des états de siège en Espagne veulent savoir la filiation de cette mesure extraordinaire, je vais leur présenter la lecture, sans doute agréable pour eux, du document qui a donné à cette importation française dans notre patrie sa lettre de naturalisation.

Le voici :

Ministère de l'intérieur. — Le conseil des ministres ayant été saisi d'un mémoire présenté par monsieur le secrétaire des dépêches de la guerre, montrant que l'état de la guerre dans les provinces soulevées, et les mesures que l'on devra adopter pour y mettre promptement un terme, s'est accordé à proposer à S. M. la reine gouvernante, après une discussion prolongée, sérieuse et minutieuse, et S. M. a daigné approuver entre autres les dispositions suivantes :

« 1° Que pour donner plus de force et de vigueur aux opérations militaires dans les provinces soulevées et pour éviter tout motif ou prétexte de délai ou d'engourdissement, on déclare lesdites provinces en état de siège, et, en raison de cette situation, elles sont soumises à l'autorité militaire *d'après la règle qui s'observe en pareil cas chez toutes les nations* (1), et à ce qui *est prévu par les lois et ordonnances* (2).

2° Que relativement aux provinces de la vieille Castille, d'Aragon et de Catalogne, comme étant plus exposées à ce qu'on tente d'étendre jusqu'à elles le feu de l'insurrection, on y donne la lati-

(1) Et ce n'est rien ! Appliquez-vous donc, madame l'autorité militaire, à étudier ce qui s'observe en semblables cas chez toutes les nations.

(2) Lesquelles ? celles de toutes les nations ? les nôtres ne prévoient absolument rien.

tude que l'on croit convenable aux autorités militaires, sans diminuer pour cela les attributions des gouverneurs civils pour l'économie et le gouvernement ; afin que d'une part, on veille au principal objet de la défense, et que d'autre part, on soigne tous les services relatifs à la protection et à la prospérité des peuples.

3° Que malgré que le principe fondamental de la milice urbaine réclame qu'il soit mis sous les ordres du ministre de l'intérieur, somme toute, tant que dureront les circonstances actuelles, on ordonnera que les corps *existant dans l'état actuel* de ladite milice, dépendent des capitaines généraux et par conséquent du secrétaire des dépêches de la guerre.

De l'ordre de S. M. je vous transmets ceci pour votre instruction et pour les effets qui doivent correspondre à sa complète exécution ; en vous prévenant qu'il faut laisser de côté les résultats en ce qui est relatif à la milice urbaine, et que vous fassiez savoir (1) à ceux de ces corps qui existent

(1) Pour ceux qui n'existent pas encore, il serait difficile de leur faire savoir quelque chose, quand même le document original ne les aurait pas exclus avec tant d'à-propos de ce document écrit selon le préambule, après une discussion pro-

actuellement, que le gouvernement civil et le ministère dont je suis chargé cessent à dater d'aujourd'hui, et tant que dureront les circonstances actuelles ou que S. M. ne résolve pas autre chose dans les attributions qui lui reviennent relativement à ladite milice, qui, pendant cette période, dépendra des capitaines généraux et par conséquent de monsieur le secrétaire des dépêches de la guerre. »

Il y a un Dieu, etc., ce qui, selon Larra, dans des cas pareils peut très-bien signifier Dieu nous la donne bonne! ou Dieu nous soit en aide! Et ensuite. Madrid 12 janvier 1835. José Maria Moscoso de Altamira. »

Nous avons voulu copier intégralement à cause de son importance historique, quoique non pas pour son mérite intrinsèque l'acte de baptême de nos états de siége.

Si le ministère réuni avait employé la locution *état de guerre*, nous n'aurions rien à dire comme nous n'avons rien dit, grâce à la briéveté de l'ordre

longée, sérieuse et minutieuse des ministres ; qui, s'ils l'eussent rédigé plus à la légère, Dieu seul sait ce qui en serait sorti !

royal du 29 février 1823, sur les troupes qui se trouveraient dans des districts *en état de guerre* et qui doivent se considérer comme appartenant à une armée d'opérations en campagne, et où, par conséquent, réside dans les généraux en chef la faculté de promulguer des arrêtés qu'ils jugent nécessaires ; non plus que de l'ordre royal du 26 mars de la même année qui déclare en état de guerre le 8ᵉ district, et qui organise les armées de réserve en armées d'opérations, ni du décret des cortès du 2 juillet de ladite année 1823, pour concéder des pouvoirs facultatifs aux généraux en chef d'armée, aux commandants généraux, et aux gouverneurs de place, etc., dans les cas de déclarations d'*état de guerre*.

En conséquence de la disposition royale du 12 janvier 1835, que nous avons intégralement transcrite, peu de mois après le 19 novembre de la même année, eut lieu le premier essai, l'inauguration pour mieux dire, des célèbres *états de siège*, avec la circonstance que, oh ! incompréhensible mystère de la providence ! l'arrêté qui servit à établir pour la première fois une mesure qui devait faire verser tant de larmes et occasionna tant d'anathèmes, devait être arraché plus tard aux hommes à théories libérales, par la signature d'un de ses principaux chefs, du lieutenant général D. Francisco Espoz y Mina, et en outre celle du brigadier D. Laureano Sanz, comme chef d'état-major.

Il y eut des retenues. En d'autres temps, on avait poursuivi de mort par les commissions militaires exécutives et permanentes jusqu'à celui qui avait eu un contact avec un libéral ; mais, en vertu de l'arrêté draconien d'Espoz y Mina, on ne leur laissa rien à envier à ceux qui étaient notamment désaffectionnés du *gouvernement de la reine*, dont les biens, d'après l'article 8, demeureront affectés au *dédommagement* des patriotes, pour les torts qui leur ont été faits à cause de la guerre!

Et cela est logique.

La peine de vie était prodiguée non-seulement aux rebelles et à ceux qui les aideraient par quelque moyen, mais *encore à ceux qui égareraient l'opinion des populations et des hommes, par quelque moyen que ce fût*, à l'alcade, au curé de la paroisse et à la personne *principale* de la famille, du quartier ou de la localité qui servirait de logement à la faction, et qui ne pourrait pas justifier de l'impossibilité de résister, et d'en avoir fait part sur-le-champ aux troupes de la reine les plus rapprochées, etc., etc. Il rendit *responsables, sur leurs personnes et sur leurs biens, des maux que causeraient les rebelles,* les pères, les tuteurs, etc., les personnes et *les biens des familles* devant être confinés avec ceux des *notamment désaffectionnés* destinés à récompenser les *patriotes;* les formalités très-simples de dépouillement étaient établies par l'art. 11 de l'arrêté qui prescrit que la réclamation du dommage étant faite et *visée uniquement par l'alcade et le syndic, on mettrait les réclamants en possession des biens des familles châtiées, qu'ils fussent meubles ou immeubles.*

La plume tombe des mains en examinant le premier arrêté qui consigna ces paroles en Espagne :

Article 1. *Je déclare en état de siége tout le district, etc.*

Art. 2. Par conséquent l'autorité militaire absorbe *toute l'administration* du district.

Art. 3. Néanmoins les autorités continueront à remplir leurs fonctions, en ce qui *n'a pas de relation avec les nouvelles* dispositions générales, lesquelles seront soumises à ma disposition.

Art. 4. Je me réserve, tant que le pays sera en

état de siège, *d'altérer ces dispositions dans les dépendances et les personnes, faisant changer le cours des choses selon qu'il conviendra au service*, etc.

Soyons impartiaux ! il faut avouer avec la même noble franchise que nous avons condamné les méfaits indignes exécutés par les royalistes, qu'il n'y a rien dans les époques d'absolutisme qui surpasse en despotisme une mesure comme celle-ci, édictée par un illustre patriote des exaltés, ou comme nous dirions à présent, par un progressiste.

Si quelque chose pouvait le disculper, ce serait l'aigreur produite par l'acharnement d'une guerre fratricide, qui, pendant tant d'années encore après cet arrêté, a continué à ensanglanter notre sol, et au caractère sauvage de laquelle ne contribuèrent pas peu, dans une certaine période, des dispositions aussi inhumaines, plus vexatoires pour le malheureux habitant que redoutables pour le rebelle entreprenant.

La paix se rétablit heureusement dans notre malheureuse patrie, et on caressa l'idée de la voir fleurir à l'ombre des lauriers de la victoire, entrelacés avec les rameaux de l'arbre de la liberté... Mais ne nous laissons pas entraîner par notre lyrisme sur un terrain interdit aux articles *de la Asamblea !*

Les états de siège survécurent à la guerre qui leur avait donné chaleur, bien que déguisés sous le titre significatif *d'états exceptionnels*, qui représenta tout à coup un progrès dans le langage gouvernemental, décidé à la fin à appeler les choses par leur nom ; mais un progrès qui ne sortit pas de là, puisque, loin de régulariser dans une situation relativement tranquille, ces formes violentes que les circonstances exigent quelquefois, on porta l'arbitraire et le manque de respect aux garanties constitutionnelles beaucoup au delà de ce qui s'était pratiqué dans le moment le plus horrible et le plus critique de la lutte implacable contre le carlisme. Il suffit, pour démontrer cette assertion, comme je cherche à le prouver peut-être à l'aventure, de rappeler que, dans l'année 1836, le gouvernement eut recours à cet effet aux Cortès, demandant leur autorisation pour adopter les dispositions extraordinaires qu'il jugeait nécessaires contre les conspirateurs. La représentation nationale concéda cette permission, mais en le faisant, elle établit des limitations très-prudentes, fixant le maximum du bannissement à six mois, et la plus grande distance, aux îles adjacentes, avec l'obligation d'en rendre compte aux Cortès, et en octroyant l'autorisation seulement tant qu'elles seraient réunies. Tout cela fait un contraste très-vif avec le système adopté dans des époques plus modernes, comme celle de 1848 par exemple.

Nous sommes sur un sujet brûlant; des évènements si rapprochés n'entrent pas encore dans notre juridiction. Mais comment faire un repère quand il s'agit des états de siège, des états exceptionnels, etc., et ne pas mentionner au moins la célèbre loi du 19 avril 1821, dernièrement expliquée par le senor Calderon Collantes dans sa circulaire aux fiscaux des audiences?

Qu'arrivera-t-il à cette bienheureuse loi, qui, promulguée depuis tant d'années et publiée une infinité de fois, paraît encore n'être pas comprise de messieurs les fiscaux des audiences, si l'on en croit l'explication la plus récente, car au point de vue contraire, où serait la moindre franchise? Serait-ce que ces messieurs auraient l'esprit pesant? La chose n'est pas croyable, ni même présumable, de la part de gens qui remplissent une charge aussi respectable. Serait-ce par l'obscurité de la loi? Pas davantage. En pareil cas, un des nombreux gouvernements qui se sont succédé, ou celui d'aujourd'hui aurait tenté de la modifier, avec le concours des Cortès, ou par le moyen d'un décret; un décret fait très-bien pour modifier une loi de cette manière comme pour la mettre en vigueur, ainsi que cela est arrivé à celle qui nous occupe, le 30 août 1836, le pouvoir exécutif ayant ressuscité les deux décrets des Cortès du 17 avril 1821, sanctionnés et publiés comme lois de l'état le 25 et le 26 du même mois.

Une autre chose rare et surprenantè est arrivée avec la récente circulaire aux fiscaux, c'est que les progressistes aient applaudi, quand il s'agit d'une chose de gouvernement et d'une si grande importance et transcendance dans l'ordre politique. Et voici de mes doutes. Le senor Calderon Collantes l'aurait-il écrite comme les progressistes l'ont lue? Les progressistes l'ont-ils lue comme monsieur le ministre l'a écrite?

L'explication aurait-elle besoin d'une explication?

Bien certainement il ne faudrait pas en attribuer la faute aux qualités éminentes de celui qui l'a dictée, mais à la difficulté de l'entendement de ceux qui, comme moi s'attachent trop à un de ses paragraphes où elle dit :

« Mais *ces situations de violences terminées*, le premier signe du *rétablissement de l'ordre* doit être que chaque rouage du pouvoir public paraisse à sa place, exerçant ses fonctions normales. »

Qui fixe le terme de ces *situations violentes?* qui déclare que l'*ordre* se trouve *rétabli?* Cet état anormal ne peut-il durer longtemps ? quelles facultés prend l'autorité militaire (non contre les rebelles appréhendés en résistance flagrante, ou après avoir résisté à la troupe, mais contre les coupables présumés qui doivent être jugés par les tribunaux ordinaires), si la période de violence se prolonge, soit matériellement ou officiellement, des mois entiers, et qu'il soit nécessaire de procéder, de vérifier et de châtier sans délai, quand *chaque rouage du pouvoir public* ne peut paraître encore à sa place, *pour exercer* ses fonctions normales?

De manière que nous voudrions aboutir, avec ou sans circulaire pour éclaircir la chose, à ressembler au gouverneur d'une place assiégée dans son extrémité la plus critique ; d'un gouverneur dont les droits sont véritablement *imprescriptibles et ne*

peuvent se traduire en lois; nous répéterons donc ce qu'on a dit :

Quand l'autorité militaire répond de tout, elle commande à tout. Elle a devant Dieu sa conscience, mais son issue finale devant les hommes.

FIN.

TABLE DES MATIÈRES.

FIN DE LA TABLE.

Sceaux. — Imprimerie de E. Dépée.

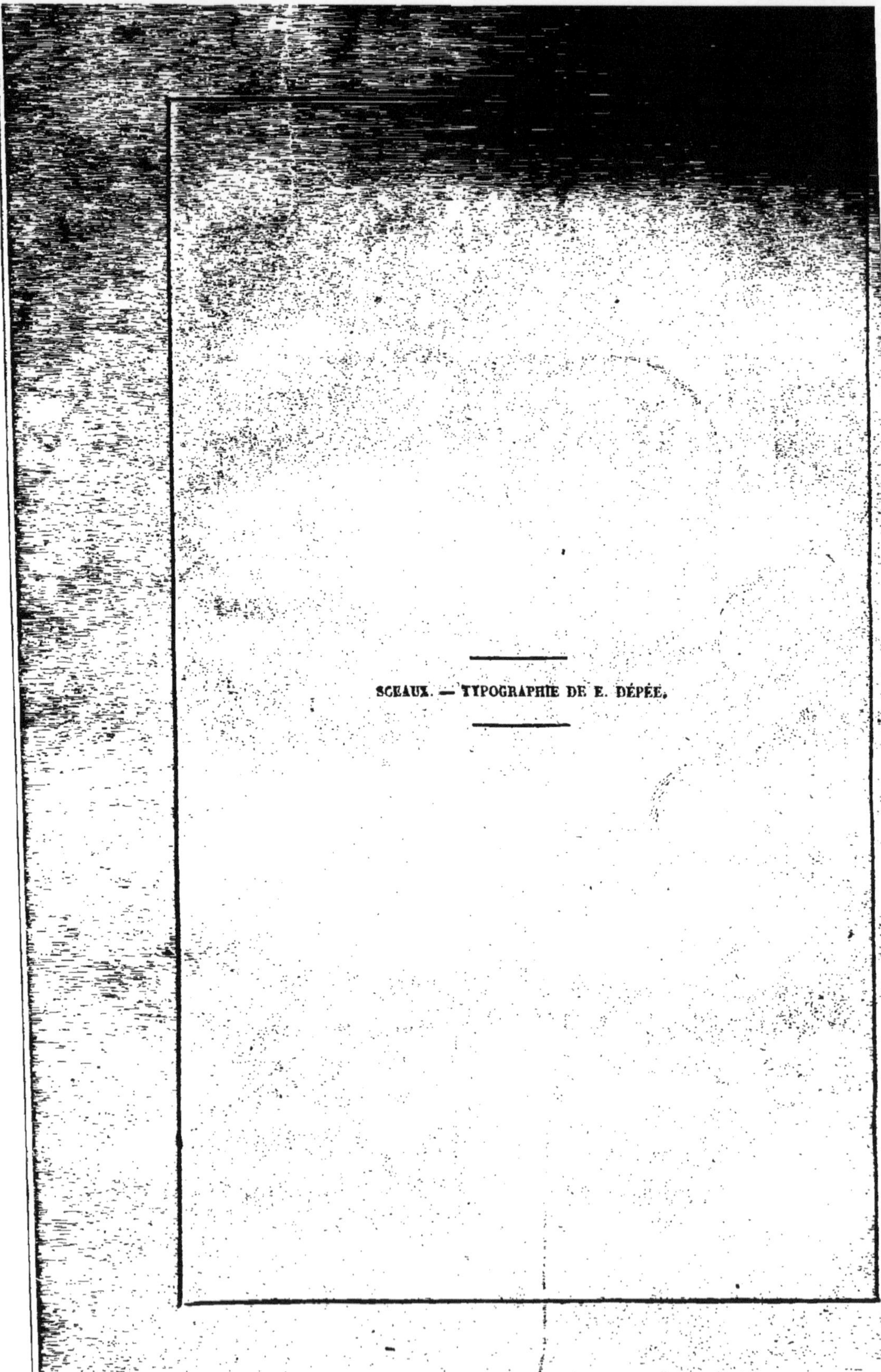

SCEAUX. — TYPOGRAPHIE DE E. DÉPÉE.

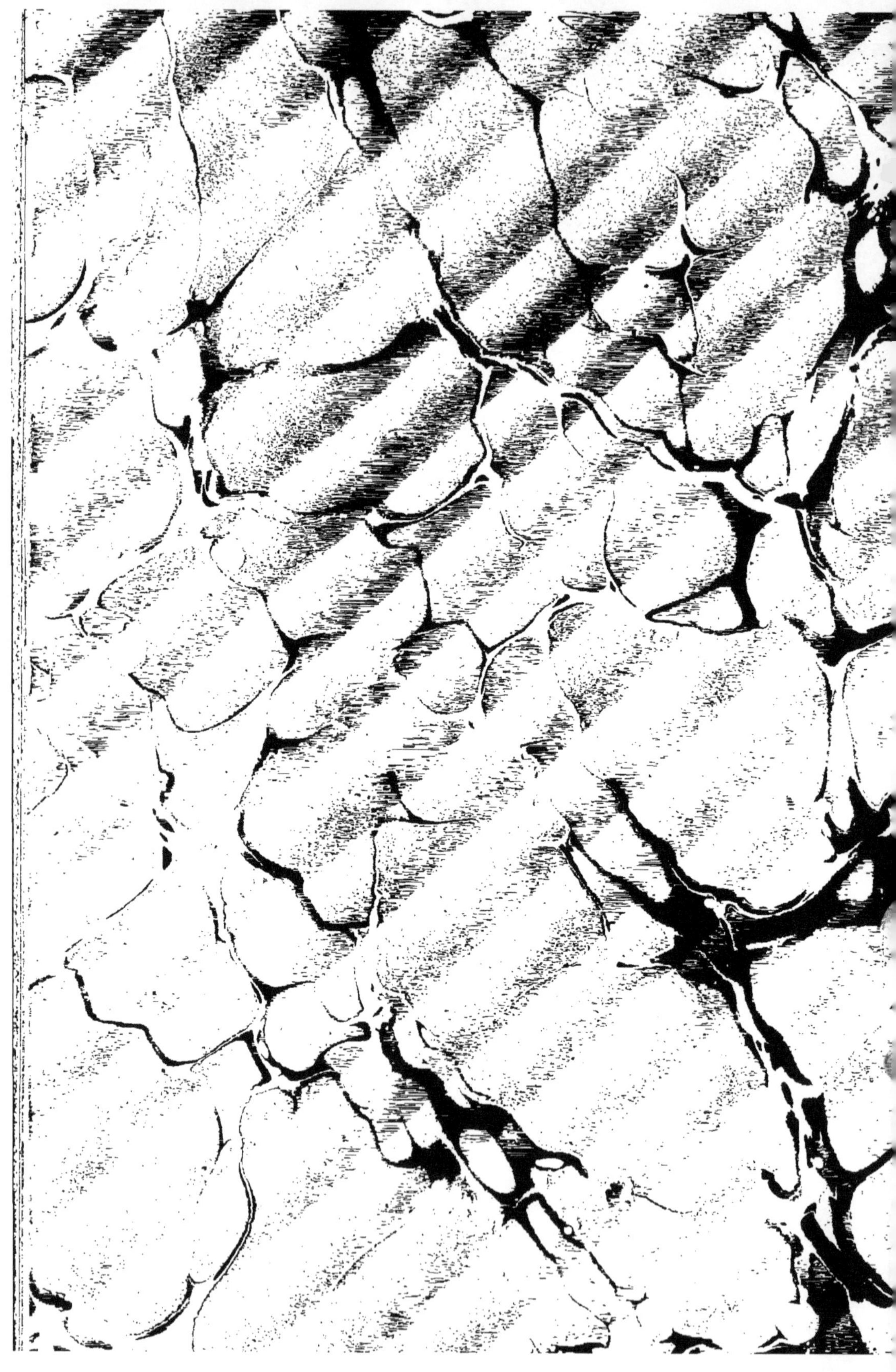

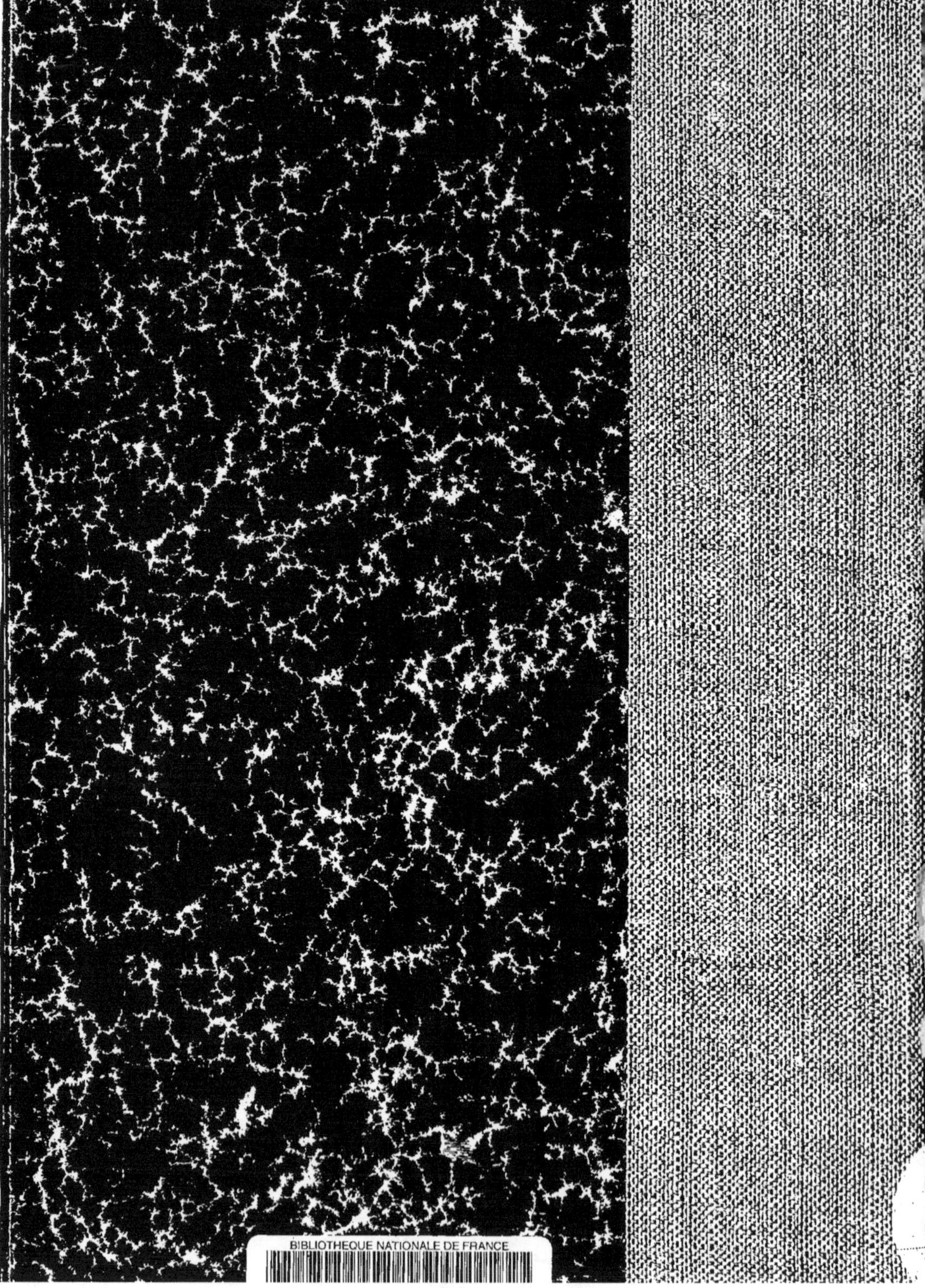